유토피아니즘

첫단추 시리즈
022

유토피아니즘

라이먼 타워 사전트 지음
이지원 옮김

교유서가

에번, 제니퍼, 이언, 그리고 키런에게

일러두기

· 인용된 성서의 한국어 번역은 모두 대한성서공회의 공동번역판을 따랐다.

· 라틴어, 그리스어, 중국어, 독일어 등 다른 언어를 영어로 번역한 인용문이라도 한국어 번역은 영문을 기준으로 삼았다. 소개된 한국어 역본들은 영역본이 아닌 원전을 저본으로 삼은 것들이 대부분이다.

차례

서론

꿈은 우리 안의 불꽃이다.

—마지 피어시(Marge Piercy)

유토피아가 표시되지 않은 세계지도는 잠시도 쳐다볼 가치가 없다. 인류가 끊임없이 가닿는 그 한 나라가 빠져 있기 때문이다. 일단 그곳에 다다른 인류는 밖을 내다보고, 더 나은 나라가 보이면 또다시 항해를 떠난다. 진보란 유토피아들을 하나씩 실현해가는 것이다.

—오스카 와일드(Oscar Wilde)

더이상의 유토피아적 비전은 이제 정말 필요 없다.

—이매뉴얼 월러스틴(Immanuel Wallerstein)

그래서 여기가 유토피아다,

그 말씀인가요? 글쎄요—

미안하지만 말입니다;

난 여기가 지옥인 줄 알았어요

—맥스 비어봄(Max Beerbohm)

미들섹스의 1에이커가 유토피아의 한 공국(公國)보다 낫다. 가장 작지만 실질적인 이익이 가장 거창하지만 불가능한 약속보다 낫다.

—토머스 배빙턴 매콜리(Thomas Babington Macaulay)

유토피아는 성급한 진실에 불과한 경우가 많다.

—알퐁스 드 라마르틴(Alphonse de Lamartine)

'유토피아(utopia)'는 토머스 모어(Thomas More, 1478~1535)가 만든 말로, 그가 1516년에 라틴어로 출간한 짧은 책에서 묘사하는 허구의 나라 이름이다. 책의 원제는 『최선의 국가 형태와 새로운 섬 유토피아에 관하여. 즐거움 못지않게 유익한 참으로 귀한 안내서Libellus vere aureus nec minus salutaris quam

festivus de optimo reip[ublicae] statu, deq[ue] noua Insula Vtopia』이고,
오늘날에는 『유토피아』로 알려져 있다. 이 단어는 그리스어로
장소나 위치를 뜻하는 'topos'와 부정(否定)이나 부재(不在)를
뜻하는 접두사 'ou'에서 따온 'u'를 결합한 것이다. 하지만 모
어가 권두에 독자들에게 제시하는 「유토피아라는 섬에 관한 6
행시」에서 유토피아는 '에우토피아Eutopia'(행복의 땅, 좋은 곳)
로 불린다. 그리하여 유토피아는 그저 아무 곳도 아닌 곳이나
어디에도 없는 곳이 아니라, 존재하지 않는 좋은 곳을 가리키
게 되었다.

　16세기의 식자층은 대개 그리스어와 라틴어를 읽었지만,
유토피아라는 단어는 다른 유럽어로도 신속히 파고들었다.
『유토피아』가 1524년에는 독일어로, 1548년에는 이탈리아어
로, 1550년에는 프랑스어로 출간되었기 때문이다. 모어가 『유
토피아』를 영어로 번역하는 데 반대한 탓에, 영문본은 그의 사
위가 번역을 마친 1551년에야 발간되었다.

　『유토피아』에서 모어는 어떤 배가 다다른 미지의 섬에 관
해 이야기한다. 그곳은 널리 평등하면서도 지혜로운 원로들의
권위가 지배하는 사회였다. 위계적이고 가부장적이었으며, 매
우 엄격한 법과 가혹한 처벌이 있었다. 섬사람들은 당시 영국
의 시민들보다 훨씬 나은 삶을 누렸다. 유토피아 이야기의 특
징은, 어떤 좋은 곳을(나중에는 나쁜 곳도) 마치 실재하는 것처

1. 토머스 모어는 영국의 법률가이자 정치인, 저술가였으며, 저명한 르네상스 인문주의자이자 종교개혁 반대자로 기억되는 인물이다. 국왕에 대한 공로를 인정받아 헨리 8세로부터 기사 작위를 받았으나, 헨리 8세를 영국 교회의 수장으로 인정하는 서약을 거부해 처형당했다. 1935년에 로마 가톨릭교회가 성인으로 추대했다. 가장 잘 알려진 저서는 『유토피아』다. 유명한 위 초상화는 아들 한스 홀바인(Hans Holbein the Younger, 1498?~1543)의 1527년 작품이다.

럼 그려낸다는 데 있다. 그 속에는 일상을 살아가는 사람들이 등장하며, 정치·경제적 체제뿐만 아니라 결혼과 가정, 교육, 식사, 일 등이 묘사된다. 이렇게 변화된 일상의 삶을 보여주는 것이 유토피아 문학이며, 유토피아니즘이 추구하는 것도 바로 그런 일상의 변화다.

'유토피아'는 모어가 만들어낸 단어였지만, 그 개념은 이미 길고도 복잡한 역사를 지닌 것이었다. 시대적으로 모어를 한참 앞서는 유토피아 이야기들이 있었고, 모어 다음에는 다양한 종류의 유토피아를 일컫는 신조어들이 추가됐다. 나쁜 곳을 뜻하는 '디스토피아(dystopia)'가 그중 하나인데, 이 단어는 현재까지 알려진 바로는 루이스 헨리 영(Lewis Henry Younge, 1694~?)의 1747년 작 『유토피아—아폴론의 황금시대Utopia: or, Apollo's Golden Days』에서 최초로 사용됐고 이제는 표준적 용어로 자리잡았다. 일찍부터 '유토피아적'이라는 말에는 가리키는 대상을 비현실적인 것으로 폄하하는 의미가 깔려 있었다.

사람들은 언제나 삶의 조건에 불만을 품었고, 더 길고 더 좋은 삶의 비전을 그렸으며, 죽은 뒤에도 더 나은 방식으로 존재가 계속되기를 소망했다. 그런데 언제부턴가 어떤 이들은 사후의 존재가 현재의 삶보다도(그것이 얼마나 형편없든지 간에) 더 나빠질 가능성을 염려하기 시작했다. 그리하여 유토피아니

즘 최초의 거대 분기, 즉 더 좋은 곳과 더 나쁜 곳 사이의 구분
은 매우 이른 시기부터 발생했다.

인류가 맨 처음 더 나은 삶을 꿈꾼 시점이 언제인지는 결코
알 수 없겠지만, 다양한 문화권에서 다양한 개인들이 언제 처
음 (오늘날까지 전해 내려오는 형태로) 그들의 꿈을 기록했는지
를 살피는 것이 최선의 연구 방법이다. 현존하는 가장 오래된
기록물들, 이를테면 기원전 2000년에 제작된 것으로 추정되
는 수메르 점토판 같은 것들에 그러한 비전들이 담겨 있다. 그
최초의 유토피아들은 다분히 꿈과 같아서, 인간의 통제를 완
전히 벗어난 것, 자연의 힘이나 신들의 의지를 통해서나 가능
한 것들이었다.

모든 유토피아 이야기는 질문을 던진다. 우리가 사는 방식
이 개선될 수 있는지 묻고, 그것이 가능하다고 답한다. 그런
이야기들은 대체로 현재의 삶과 유토피아의 삶을 대조하여
지금 우리가 사는 방식이 어떻게 잘못되었는지를 밝히고, 상
황을 개선하려면 어떤 조치가 필요한지를 제안한다.

대부분의 연구 주제에서와 마찬가지로, 유토피아니즘과 관
련해서도 정의(定義)를 둘러싼 견해차가 존재한다. 잦은 혼선
의 한 가지 원인은, 일반적 범주로서의 유토피아니즘과 문학
장르로서의 유토피아를 구분하지 못하는 데 있다. 유토피아니
즘은 집단을 구성하는 사람들이 삶을 영위하는 방식과 관련

된 꿈과 악몽을 가리키며, 그 속에서 그려지는 사회는 그들이 사는 사회와 완전히 다르다. 대개의 사회이론과 달리 유토피아니즘은 정치, 경제, 사회 문제와 더불어 일상의 삶에도 주목한다.

유토피아니즘의 의미 영역은 폴란드 철학자 레셰크 코와코프스키(Leszek Kołakowski, 1927~2009)의 설명에 잘 나타나 있다.

인위적으로 만들어낸 고유명사로 출발한 단어가 지난 두 세기 동안 너무나 광범위한 의미를 획득한 결과, 이제는 문학의 한 장르뿐만 아니라 일정한 사고방식, 정신적 경향, 철학적 태도를 가리키게 됐고, 고대로까지 거슬러올라가는 문화적 현상을 기술하는 데 사용되고 있다.

여기서 코와코프스키는 유토피아니즘이 진화하면서 생겨난 복합적 성격을 드러낸다. 나는 유토피아니즘을 '사회적 꿈꾸기'로 지칭한 바 있다. 사회학자 루스 레비타스(Ruth Levitas, 1949~)는 유토피아니즘을 '더 나은 존재 방식을 향한 욕망'이라 부르며, 유토피아를 '욕망 교육'의 한 측면으로 본다. 이 넓은 범주 안에 내가 '유토피아니즘의 세 얼굴'이라 부르는 것들, 즉 문학적 유토피아(literary utopia), 유토피아적 실천

(utopian practice), 유토피아 사회이론(utopian social theory)이 들어 있다. 또한 이 장 첫머리의 인용구들에서 분명히 알 수 있듯이, 사람들은 유토피아니즘을 저마다 다른 의미로 받아들였다.

문학적 유토피아에 관해 일반적으로 오늘날의 학자들은 상당히 유사한 두 가지 정의 중 하나를 채택하고 있다. 첫째는 문학이론가 다르코 수빈(Darko Suvin, 1930~)의 것이며, 둘째는 나의 것이다.

작가가 속한 공동체에서 적용되는 것보다 더 완벽한 원칙에 따라 사회정치적 제도, 규범, 개인적 관계가 조직되는 유사-인간 공동체를 언어적으로 구축한 것으로, 대안적인 역사적 가정에서 비롯된 소격효과(estrangement)에 바탕을 둔다.

정상적인 시공간 안에서 꽤 상세히 묘사되는 실재하지 않는 사회. 관용적 표현으로서 유토피아는 이같은 의미로 사용되기도 하고, 또한 정상적인 시공간 안에서 꽤 상세히 묘사되는 실재하지 않는 사회로서 동시대 독자들에게 자신들이 사는 사회보다 훨씬 더 나은 곳으로 읽히도록 의도된 장소, 말하자면 에우토피아에 상응하는 말로 사용되기도 한다.

작가들은 자기 생각을 구현할 새로운 형태의 유토피아를 계속해서 창조하기 때문에, 어떤 정의든 다소 흐릿한 경계를 갖기 마련이다. 또한 현대의 유토피아는 우리가 예전에 유토피아로 부르던 것들과 사뭇 다른 모양새를 띤다. 현대의 유토피아는 더 복잡하고, 거기서 제안되는 내용은 덜 확고하며, 그 전제는 결함 있는 인간이다.

유토피아적 실천에는 요즘엔 흔히 계획 공동체(intentional community)나 코뮌(commune)으로 불리지만 한때는 유토피아 공동체(utopian community), 유토피아적 실험(utopian experiment), 실천적 유토피아(practical utopia) 등 여러 다른 이름으로 불리던 것들이 포함된다. 이들에 대해서는 합의된 정의가 존재하지 않으나, 여러 학자가 나의 정의를 조금씩 변형하여 사용하고 있다.

계획 공동체란, 공통된 가치를 증진하거나 상호 합의된 목적을 달성하기 위해 함께 살기로 결정한, 둘 이상의 핵가족에서 나온 다섯 이상의 성인과 (있다면) 그들의 자녀들로 구성된 집단이다.

한때 유토피아적 실천은 대체로 이러한 공동체들로 국한됐었다. 그러나 이제는 더 나은 사회와 (경우에 따라서는) 개인적 변화를 목적으로 하는 다양한 종류의 사회적·정치적 활동에

'유토피아적'이라는 수식어가 붙기 때문에, 유토피아적 실천의 범주 역시 전보다 확장됐다. 그리고 모든 유토피아적 실천은 일상의 허구적 변화가 아닌 실제적 변화를 꾀한다. 계획 공동체에 동참하는 사람들은 자신의 삶 자체를 실험하는 것이며, 방법에 차이는 있으나 다른 형태의 유토피아적 실천에 참여하는 사람들 역시 그러하다.

유토피아 사회이론에 포함되는 내용은 다음과 같다. 1)분석 방법으로서의 유토피아. 2)유토피아와 이데올로기의 관계―1929년에 사회이론가 칼 만하임(Karl Mannheim, 1893~1947)이 맨 처음 설명했고 이후 여러 학자가 다양한 방법으로 활용했다. 3)독일의 마르크스주의 철학자 에른스트 블로흐(Ernst Bloch, 1885~1977)나 네덜란드 사회학자 프레데릭 폴락(Frederik L. Polak, 1907~1985) 같은 사상가들이 유토피아니즘을 활용하여 사회변혁을 설명한 방식. 4)종교와 관련한 유토피아니즘의 역할―특히 유토피아니즘을 다양한 관점에서 이단적으로도, 본질적으로도 여겼던 그리스도교 신학에서의 역할. 5)식민주의 및 탈식민주의와 관련한 유토피아니즘의 역할. 6)세계주의자와 반세계주의자 사이의 논쟁. 우리는 이 책에서 이 모든 접근법을 살펴볼 것이다.

유토피아니즘과 계획 공동체는 긴 역사를 품고서 다양한 환경에서 일어나는 복잡한 현상이다. 따라서 시간과 장소에 따라 현격히 다른 양상을 보인다. 모든 것을 포괄하는 일반화 수준의 정의는, 유용한 출발점이 될지는 모르지만 실상에 관해서는 거의 아무것도 알려주지 못할 것이다. 따라서 우리는 다양한 하위 범주를 적절히 구분하여 그것들 사이의 연관성과 차이점을 동시에 파악할 필요가 있다. 특히 계획 공동체에 관한 논의에서 반드시 염두에 두어야 할 점은, 모든 공동체가 자체적인 생애주기─비전과 사전계획, 탄생, 성장, 성숙, 그리고 (많은 경우) 소멸─를 따르며, 소멸은 공동체의 생애 어느 시점에나 찾아올 수 있다는 사실이다.

좋은 곳이 어떤 곳인지에 대해서도 근본적인 견해차가 있을 수 있다. 심리학자 스키너(B. F. Skinner, 1904~1990)의 『월든 투Walden Two』(1948)를 20세기의 전형적인 사례로 들 수 있다. 이 소설에서는 한 행동주의 심리학자가 건설한 작은 공동체가 묘사되는데, 많은 독자는 그곳을 명백히 좋은 곳, 심지어 이상적인 계획 공동체의 지표로 보았다. 그들은 그곳을 모델 삼아 몇몇 공동체를 건설했고, 그중 일부는 여전히 남아 있다. 반면에 그 소설에서 전체주의 사회를 본 사람들도 있었다. 공동체를 외부에서 관찰하는 이들과 공동체 내부에서 살아가는 이들이 공동체를 바라보는 인식에도 차이가 있다. 또한 공동체와 사람들이 변화를 겪으면서 그러한 인식들이 변하기도 한다. 이를테면 계획 공동체는 어린아이들에게는 훌륭한 곳이지만 10대들에게는 끔찍한 곳으로 여겨지곤 한다.

문학적 유토피아는 적어도 여섯 가지(반드시 서로 독립적이지는 않은) 기능을 수행한다. 유토피아는 단순한 공상일 수도 있고, 바람직한 사회나 못마땅한 사회에 관한 묘사이기도 하며, 미래에 대한 예측, 경고, 현실에 대한 대안, 혹은 달성해야 할 모델이기도 하다. 그리고 이에 더해 계획 공동체는 유토피아적 실천으로서 일곱째 기능, 즉 더 나은 삶이 지금 여기서 가능하다는 것을 증명해 보이는 역할을 담당한다. 인류와 인류의 미래를 바라보는 유토피아적 관점은 희망 아니면 공포다. 희망은 대체로 유토피아를 낳고, 공포는 대체로 디스토피아를 낳는다. 그러나 기본적으로 유토피아니즘은 희망의 철학이며, 일반화한 희망을 존재하지 않는 사회에 대한 묘사로 변환하는 것이 그 특징이다. 물론 희망이 일부 동화들에서처럼 다소 유치한 소원 성취에 그치는 경우도 많다. (그런데 사실 대부분의 동화는 주의 깊게 분석하면 디스토피아임이 드러난다.) 그렇지만 희망은 사회를 더 나은 방향으로 바꾸려는 모든 노력에 필수적이다. 다만 여기에 잠재된 위험은, 누군가는 바람직한 미래가 무엇인지에 대한 제 생각을 그것을 거부하는 타인에게까지 강요할 수 있다는 것이다. 유토피안들은 자신의 꿈을 현실로 옮기려 할 때 언제나 이러한 딜레마와 맞닥뜨린다―그들의 꿈은 그들의 꿈을 강요하는 행위와 양립 가능한

가? 자유가 부자유를 통해, 평등이 불평등을 통해 달성될 수 있는가?

이 장(章) 첫머리의 인용문들에 반영된 유토피아에 대한 긍정적이고 부정적인 평가들에는 모두 타당한 근거들이 있고, 우리는 이 책에서 그 근거들을 살펴볼 것이다. 20세기에는 부정적인 평가가 우세했다. 소련과 중국 등지의 공산주의뿐만 아니라 독일의 국가사회주의, 아프가니스탄의 탈레반 이슬람주의 등, 특정 형태의 좋은 삶을 강요하려는 시도들 때문이었다. 반면에 그러한 시도를 견제하는 주된 수단으로서 유토피아니즘을 긍정적으로 평가한 이들도 있었다.

나는 이 책에서 종합적이고 균형 잡힌 서술을 지향하면서도 한 가지 주장을 제시하고 있다. 단순화하자면 그 주장은, 유토피아니즘은 인간의 조건을 개선하는 데 필수적이며, 그런 의미에서 유토피아니즘에 반대하는 이들은 그릇되고 잠재적으로 위험하다는 것이다. 그러나 동시에 나는, 악용될 경우에는(그러한 사례는 많다) 유토피아니즘이야말로 위험한 것이며, 그런 의미에서 유토피아니즘을 지지하는 이들은 그릇되고 잠재적으로 위험하다고 주장한다. 따라서 결론부에서는 유토피아니즘의 그런 모순적 성격을 살피는 동시에 그것을 조율하고자 한다.

제 I 장

좋은 곳과
나쁜 곳

『유토피아』 이전의 유토피아: 두 갈래 전통

우선 평화가 씻는 물처럼 흔했다. 땅은 공포나 질병을 내지 않았다. 반면에 사람에게 필요한 것들은 저절로 생겨났다. 여울마다 와인이 흘렀고, 보리떡과 빵 덩어리들이 사람들의 입에 들어가려 서로 밀치며, 부디 친절을 베풀어 저희 중 가장 흰 것을 삼켜달라 간청했다.

— 텔레클리데스(Teleclides), 『인보동맹隣保同盟, Amphictyonies』

그들은 결혼하여 아내를 두지 않고 여자들을 공유했다. 그렇게 태어난 아이들은 공동으로 길러졌고 모두로부터 동일한 애정을 받았다. 아이들이 젖먹이일 동안 여자들이 빈번히 담당을 바꾸었기 때문에, 어미조차 제 자식을 알아볼 수 없었다. 그리하여 그

2. 토머스 모어의 1518년 판 『유토피아』에 표제화로 실린 암브로지우스 홀바인
(Ambrosius Holbein, 1494?~1519?)의 목판화에 섬나라 유토피아가 묘사돼
있다.

3. 아버지 피터르 브뤼헐(Pieter Breughel the Elder, 1525?~1569)의 유화 〈코케
인Land of Cockaigne〉(1567)에는, 오직 빈자들만 다다를 수 있다는 설화 속 풍
요의 땅 코케인에 음식이 남아도는 광경이 묘사돼 있다.

들은 질투하지 않았고, 언제나 싸움 없이 지냈으며, 모든 축복 중에 화목을 으뜸으로 꼽았다.

　　　　　　　　—이암불로스(Iamboulos), 『헬리오폴리스Heliopolis』

'유토피아'는 토머스 모어가 1516년에 만든 말이고 그의 책으로부터 하나의 문학 장르가 발전했지만, 유토피아의 개념은 훨씬 더 오래된 것이다. 위의 두 인용문과 그림 2, 그림 3은 매우 다른 두 종류의 좋은 삶을 반영한다. 하나는 쾌락, 특히 육체적 쾌락에 집중한다. 그 중심에는 풍성한 음식이 있고, 때에 따라서는 성적 풍요가 동반되기도 한다. 다른 하나는 사회구조에 초점을 둔다. 첫번째는 공상이며, 자연이나 그리스도교의 신, 혹은 다른 신들의 힘으로 구현된다. 두번째는 사실적으로 묘사되며, 인간의 지능으로 실현된다. 두 종류 모두 고대로부터 오늘날까지 계속되고 있다. 어떤 이들은 두번째 것만 유토피아로 인정하지만, 다른 이들은 첫번째를 유토피아라는 강물의 중요한 지류로 본다.

　이 첫번째 종류는 '도피의 유토피아'나 '육체의 유토피아'로 불려왔고, 어느 문화권에나 존재한다. 서구 문화에서 이들의 역사를 구성하는 전통들 중에는 성서의 에덴동산, 고대 그리스와 로마에서 이야기되던 먼 옛날의 지상낙원이나 황금종족 및 황금시대 개념, 그리고 아일랜드의 '매콩글린의 환상(Vision of MacConglinne)'이 있다. 이들은 사투르날리아(Saturnalia), 바보들의 축제(Feast of Fools), 코케인, 그리고 초기 형태의 카니발을 통해 '뒤집힌 세상' 전통으로 이어졌다. 세상이 뒤집히는 그 하루에서 한 주가량, 가난하고 압제받던 자들이 한시적으로 힘 있는 자리를 차지했고, 그들보다 우월하다 여겨지던 자들이 그들 아래 놓였다. 이 전통은 경제적으로 어려운 시기마다 새로운 형태로 재창조되어 피억압 집단들 사이에 다시금 등장하곤 한다.

고전 설화

고전 설화들에는 차이점도 있지만, 공통점이 많다. 어떤 부분은 긍정적으로 서술되었다. 인간과 신들은 친밀했고, 땅에서는 음식을 비롯하여 사람에게 필요한 모든 것들이 저절로 풍족하게 생산되었다. 그러나 대부분은 부정적으로 서술되었고, 현생 문제의 해결과 결부되었다. 야생동물은 두려움의 대상이 아니었고, 인간들 사이에는 갈등이 없었으며, 노동이 필요치 않았고, 교역이나 정부도 불필요했기에 존재하지 않았다. 삶의 시작과 끝이 모두 쉬웠다. 여자들은 고통 없이 아이를 낳거나 아예 출산하지 않았고, 죽음은 없거나(이 경우 출산도 없었다) 편안했다. 어떤 설화들은 우리가 왜 그런 좋은 삶에서 현재의 고된 삶으로 전락했는지도 설명한다. 예를 들어, 인간은 에덴동산에서 하느님께 불순종한 탓에 두려움, 수고, 죽음, 그리고 출산의 고통에 처하게 되었다.

이같은 오랜 설화들 가운데 가장 영향력 있는 종류는, 황금시대나 지상낙원 같은 창조 설화와 영웅들이 죽어서 간다는 '축복받은 자들의 섬'이나 하데스의 명계 같은 내세 설화들이다. 고대 그리스와 로마, 수메르, 초기 유대교에서 기원한 그런 설화들은 서구 유토피아니즘의 발달에서 중심적인 역할을 담당했고, 비슷한 설화들이 대부분의 초기 문명에서 발견된다 (이를테면 중국에는 「도화원기桃花源記」가 있었다). 황금시대에 관한 서구의 가장 고전적인 서술은 그리스 시인 헤시오도스(기원전 8세기 후반)의 것이다.

올림포스에 처소를 둔 신들의 첫 피조물인 말하는 인간들은 황금종족이었다. 이 종족은 크로노스가 하늘의 왕이던 시절을 살았다. 그들은 수고와 고통을 전혀 몰라 근심 없는 마음으로 마치 신들처럼 생을 누렸다. 노년이 초라해 우울해지는 일도 없었고, 한결같이 손발이 건강해 아무 해악도 만나지 않고 흥거이 축제를 즐겼다. 그리고 잠에 못 이기듯 죽음에 들었다. 모든 좋은 것들이 그들의 몫이었다. 곡식 맺는 땅은 자진하여 풍성한 소출을 아낌없이 내주었고, 그들 역시 땅의 열매와 많은 좋은 것들을 기꺼

이 순하게 나누어 가졌으며, 거룩한 신들의 축복을 받아 양떼도 많았다.

그러나 여러 황금시대 이야기 중에서 중세로 전해진 형태는 로마 시인 오비디우스(기원전 43~기원후 17/18)의 것이었다. 헤시오도스가 공평하게 누리는 풍요로움, 즐거운 삶, 편안한 죽음을 강조했다면, 오비디우스는 당대의 관심사를 반영하여 송사(訟事)의 부재, 지역 공동체, 전쟁의 부재를 추가했다.

처음은 황금시대였다. 이 시대에 사람들은 법과 처벌의 위험이 없어도 스스로 신의를 지키고 옳은 일을 했다. 두려워해야 할 형벌이 없었고, 법의 심판을 경고하는 동판도 세워지지 않았으며, 악행을 저지른 무리가 자비를 구하며 재판관의 얼굴 앞에서 떠는 일도 없었다. 아예 재판관이라는 것이 없었고, 사람들은 그래도 안심하고 살았다. 산 위의 소나무가 제 자리에서 잘려나가 대양의 파도 위에 진수되어 낯선 나라로 보내지는 일도 없었다. 사람들은 제 나라 해변밖에 알지 못했다. 아직 가파른 해저가 도시를 둘러싸기 전이었고, 곧은 청동 나팔도, 굽은 청동 투구도, 그리고 검도 없었다. 세상 모든 종족이 아무 두려움 없이 느긋하고 평화로운 삶을 살았고, 군대는 쓸모가 없었다.

　오비디우스가 가한 수정들은, 이런 이야기들이 현실과 완전히 동떨어져 있는 듯이 보여도 사실은 당대의 관심사들을 반영했음을 알려준다.

　이 장 첫머리에서 인용한 텔레클레이데스의 글 역시 크로노스 시대의 삶을 그린 것이다. 로마 작가 사모사타의 루키아노스(Lucianos of Samosata, 125?~180?)의 글에서 크로노스는 아래와 같이 말한다.

　　나의 주간(週間)에 진지함을 금하며, 근면함을 허하지 않노라. 술 마시고 취하기, 떠들고 장난하고 노름하기, 왕을 임명하고 노예에게 성찬 베풀기, 벌거벗고 노래하기, 흔들리는 손으로 손뼉 치기, 이따금 취한 얼굴을 찬물에 집어넣기—그런 것들이 내가 관장하는 업무다.

　로마의 사투르날리아, 즉 사투르누스 축제 기간에는 실제로 황금시대가 잠시 귀환했다. 주인들은 하인들의 시중을 들었고, 부자는 빈자에게 음식을 대접했고, 때에 따라서는 빚을 탕감해주었다. 너 나 할 것 없이 폭식에 빠졌고 얼마간의 성적 자유를 누렸다. 폭식과 성적 자유를 제외한다면, 특정 기간에 빚을 탕감해 채무자에게 새로운 시작의 기회를 준다는 개념은 구약성서에서도 중요했다. "빚은 이렇게 삭쳐주어야 한다.

누구든지 동족에게 돈을 꾸어준 사람은 그 빚을 삭쳐주어야 한다. 동족에게서 빚을 받아내려고 하면 안 된다. 빚을 삭쳐주라는 것은 야훼의 이름으로 선포된 명령이기 때문이다.(「신명기」15장 2절)

중세시대에는 사투르날리아의 후신들, 이를테면 빈자의 통치를 한시적으로 허용했던 카니발이나, 교회의 위계질서를 일시적으로 반전시켜 프랑스에서 특히 큰 인기를 끌었던 '바보들의 축제' 등이 심각한 문제를 일으켰다. 권력자들이 보기에 카니발은 종종 도를 넘어섰다. 약자들은 그러한 전복이 단 며칠로 끝나서는 안 된다고 생각했기 때문이다. 교회는 바보들의 축제를 강하게 탄압했다. 카니발은 뉴올리언스나 리우데자네이루 등지에서 여전히 명맥을 유지하고 있으나 더는 위협적으로 간주되지 않는다.

중세시대에 그리스와 로마의 신들이 격하되면서, 비슷한 이야기가 '빈자의 낙원'이라 불린 코케인(Cockaigne, Cokaygne)의 형태로 유럽 각국에서 발달했다. 중세 코케인 이야기의 한 대목이다.

거기 넓고 아름다운 강에는
기름과 우유, 꿀과 포도주가 흐르네;
물은 보거나 씻는 데 외에는

아무 쓰임이 없다네.

풍성히 열리는 과실들은

갖은 즐거움과 달콤한 위로를 주네.

이 이미지는 이름을 바꾸어가며 역사 속에 반복적으로 등장한다. 모든 것이 가망 없어 보일 때, 공상은 더욱 강력한 힘을 발휘한다.

로마의 문장가 베르길리우스(기원전 70~기원전 19)는 설화를 대폭 수정했다. 우선 가장 중요하게는, 유명한 「제4목가 Eclogue 4」에서 과거의 황금시대를 미래로 옮겨놓았다(이 작품은 메시아적 목가로도 불린다). 둘째로, 더 나은 세상은 단지 신들의 선물이 아니라 인간의 노력에 바탕을 둔 것이 되었다. 사람들은 주로 농업에 종사하며 일을 했고, 이는 행복한 소작농/농민의 설화로 이어졌다. 여전히 이상화된 형태이긴 하지만 더 현실적인 비전을 담은 이 설화는 결코 사라지지 않았고, 근대적 유토피아니즘의 중요한 일부로서 지금껏 남아 있다.

베르길리우스가 그리는 목가적 이상향인 아르카디아에서의 소박한 삶은, 첫번째 전통인 공상/도피의 유토피아와 두번째 전통인 인류가 창조하는 유토피아 사이 어디쯤에 있다. 모어의 『유토피아』나 그것을 전범으로 삼은 이후의 작품들과 가장 유사했던 종류는, 바로 그리스와 로마의 작가들이 묘사했던 인간의 힘으로 만든 사회들이다. 유토피아 전통의 이 갈래는 사람들에게 희망을 준다. 왜냐하면 그것은 더욱 현실적이고, 인간이 자연이나 신들의 힘에 기대기보다는 스스로 식량과 주거, 의복, 치안 등 삶의 문제를 해결하는 모습에 집중하기 때문이다.

서구에서 그런 형태의 유토피아는 고대 그리스에서 기원한 것으로 보이며, 그리스의 도시국가 스파르타에 관한 묘사가 가장 영향력 있다. 그리스 작가 플루타르코스(46~120)는 스파르타의 창건자로 여겨지는 리쿠르고스의 동기를 아래와 같이 설명했는데, 이 설명은 다른 유토피아들의 경우와도 충분히 부합할 듯하다.

그는 부분적인 법률 개정은 아무 소용이 없으리라 보았다. 대신에 갖은 병에 시달리는 허약한 환자를 다루는 의사의 방법을 따라야 한다고 믿었다. 약물과 설사약으로 기존의 체질을 다스려 고친 다음, 완전히 새로운 식이요법을 시작해야 한다고 말이다.

리쿠르고스가 스파르타에 세웠다고 추정되는 사회는, 시민들 간의 철저한 평등에 기반을 둔 곳이었다(그러나 노예가 존재했고, 여성은 시민이 아니었다). 스파르타는 군사 국가였고, 리쿠르고스의 스파르타에서 모든 사람은 온전히 국가에 헌신해야 했다. 그들은 전체 속에서 자신을 잃어야 했다. "그는 스파르타의 시민들이 저 자신을 위해 살려는 소망을 품거나 그런 능력을 갖출 수 없도록 그들을 훈련했다."

여러 주석가들은 스파르타를 그리스 철학자 플라톤(기원전 428/27~348/47)의 『국가』와 연결짓는다. 『국가』는 플라톤이 쓴 유토피아 중 가장 잘 알려진 작품이며, 서양 유토피아니즘의 원천으로 간주된다. 이 책의 주된 관심은 정의에 관한 이해를 발달시키는 것이며, 형식적으로는 플라톤의 초·중기 대화편의 전형적인 특징을 보인다. 먼저 소크라테스(기원전 469~399)가 하나의 질문을 제기한 후 그와 대담자 사이에 일련의 질문과 대답이 오가면서 몇 가지 견해가 제시되지만, 그것들은 모두 소크라테스에 의해 배척된다. 그런 다음 그가 자신의 답변을 제시하고 점차 논의를 지배하면서 대화는 독백으로 변하고, 상대방은 그저 형식적인 감탄사만 내뱉는다.

플라톤이 『국가』에서 묘사하는 사회는 이상적 사회에 최대한 근접한 곳이다. 그곳에는 프시케, 즉 영혼의 세 가지 근본 요소에 상응하는 세 계급이 존재하는데, 철인왕(이성), 조력자(기개), 장인(절제나 중용)이 그것이다. 첫째와 둘째 계급을 묶어서 수호자라 일컫는데, 『국가』는 대체로 이들에 대해 다룰 뿐, 인구의 절대다수를 차지하는 나머지 사람들에 대해서는 거의 언급하지 않는다. 다만 플라톤은 잘 통제된 이 폴리스,

즉 도시국가에서 모든 개인은 각자에게 가장 적합한 직업에 종사하므로 결과적으로 모두가 행복할 것이라고 시사한다.

그러나 인간이 창조한 모든 사회는 그들의 이상을 그저 조악하게 반영할 뿐이며, 반드시 실패하게 마련이다. 플라톤은 그 실패의 과정을 꽤 상세히 탐구하여 부패에 관한 이론을 세우고 그것을 개인과 사회 모두에 적용한다. 그런데 여기서 중요한 것은 그 이론이 아니라 거기 깔린 전제, 즉 완벽한 사회나 인간은 이 세상에 존재할 수 없다는 것이다. 우리가 다다를 수 있는 최선은 하나의 근사치이며, 그조차도 결국 붕괴한다.

플라톤의 또다른 주요 유토피아인 『법률』의 경우, 이상 사회의 핵심 성분(조화, 지성, 선량한 사람들의 바른 삶)은 『국가』에서와 다름없지만 그것이 실현되는 방법은 다르다. 『국가』의 폴리스는 철인왕으로 대변되는 인간의 지혜에 바탕을 두는 반면, 『법률』의 폴리스는 법에 바탕을 두는 점이 두드러진 차이다. 아마도 플라톤은 철인왕을 배출할 환경을 찾거나 조성하는 일을 포기하고, 대신에 철인왕이 『국가』의 수준에 미달하는 폴리스를 위해 제정할 법한 법률을 차선책으로 제시하기로 마음먹은 듯하다. 더 나아가 그는 필요에 따라 법을 개정할 수 있는 호법관들의 야간회의로 철인왕을 대체했다.

기본적으로 플라톤을 포함한 그리스의 유토피안들은 오늘날 우리가 작은 공동체 혹은 맞대면 공동체라 부르는 것들을 가정했다. 그들에게는 시민 전체의 정기적인 만남과 대화가 불가능할 정도로 커다란 사회가 좋은 사회일 수 있다는 관념이 없었다. 더 큰 규모도 가능하겠다는 생각은 그리스가 쇠퇴하고 로마가 성장하기 시작한 무렵에야 등장했다.

최초의 위대한 반(反)유토피안인 그리스의 희극작가 아리스토파네스(기원전 448~380)는 같은 시기에 활동하며 공통된 주제들을 다루었다. 유토피아적 관점에서 그의 희곡 중 가장 중요한 작품은 유토피안 작가들과 「여자들의 의회Ecclesiazusae」다. 한 무리의 여성이 의회를 장악하고 일종의 공산주의적 법률을 제정하지만, 그들의 기획은 실패로 돌아가고 만다. 그 법이 나빠서가 아니라, 인간들이 그에 필요한 이타심을 발휘할 수 없었기 때문이다. 이는 유토피아를 거부할 때 통상적으로 제시되는 근거 중 하나다. 아리스토파네스는 「플루토스」에서도 유사한 주장을 펼쳤다. 눈먼 부(富)의 신 플루토스가 시력을 되찾고서는 자격 있는 사람들을 위해 부를 재분배하지만, 인간의 탐욕으로 인해 부는 이내 또다시 불공평하게 재분배되고 만다.

그리스 철학자 아리스토텔레스(기원전 384~322)는 플라톤의 유토피아를 배격했을 뿐만 아니라 그가 논했던 다른 이상 국가들에 대해서도 조롱을 퍼부은 인물인지라, 일반적으로 유토피안으로 여기지 않는다. 하지만 아리스토텔레스는 『정치학』 제7권에서 자신이 생각하는 이상 국가의 기본적 특징을 비교적 상세히 서술했다.

아리스토텔레스에게 최선의 국가는 적은 인구와 영토의 한계 안에서 최대한 자급자족 상태에 근접한 나라였고, 시민들이 서로를 알 수 있는 곳이었다. 또한 아리스토텔레스의 유토피아는 최선의 삶인 정신적이고 사색적인 삶을 시민들에게 제공했는데, 이 삶은 내향적이고 고독한 삶이 아니라 지적인 교류의 삶이다. 아리스토텔레스는 이것이 가능해지려면 비천한 노동을 담당해줄 비(非)시민들이 필요하고 그래야만 시민들이 온전한 삶을 누릴 자유를 얻게 된다고 했다. 다른 글에서 그는 최선의 국가로 불릴 만한 곳의 특징을 보다 일반적으로 서술했다.

모어 다음의 설화와 문학

모어의 『유토피아』 이후, 고전적 설화 대부분은 점차 영향력을 잃었지만, 그 골자는 아프리카계 미국인들 사이에서 코케인 종류의 이야기로 계승되었다. 영화로운 내세의 삶을 미리 맛보게 해준 영가(靈歌, spirituals)나, 1930년대 대공황 당시의 「스위트 포테이토 마운틴스The Sweet Potato Mountains」나 「빅록 캔디 마운틴스The Big Rock Candy Mountains」 같은 노래들도 유사한 사례들이다.

한 노예 이야기에서는 아래와 같은 기대가 묘사되었다.

아칸소에는 구운 수퇘지가 먹기 좋도록 나이프와 포크까지 꽂힌 채 여기저기 널려 있다고 했어요, 그리고 튀김 요리가 지글거리는 기름 연못이 지천이라고요, 게다가 돈 나무가 있어서, 목화 줄기에서 솜 따듯이 돈을 따기만 하면 된다고요······

그리고 「스위트 포테이토 마운틴스」에는 이런 후렴구가 들어 있다.

아, 담배 달린 덩굴, 햄 달걀 열린 나무,
그리고 땅에서 움트는 빵 새싹,
술 샘이 솟구쳐 무릎을 적시고,
모두에게 돌아가도록 풍성한 곳.

제임스 힐턴(James Hilton)의 소설 『잃어버린 지평선Lost Horizon』(1933, 프랭크 캐프라Frank Capra 감독이 1937년에 영화화)에는 전통적인 설화의 한 변이형이 등장한다. 소설에 영감을 준 티베트 불교 설화에 따르면, 아시아 내륙 은밀한 곳에 신비로운 왕국 샴발라가 있었는데, 가장 큰 깨달음을 얻은 보살들이 사는 곳이었다. 이 샴발라는 힐턴의 소설 속에서 티베트의 사라진 공동체이자 불로장생의 공간인 샹그릴라로 변형됐다.

이 자리에서 유토피아 문학의 역사를 모두 훑을 수는 없지만, 유토피아 문학의 특징과 그것이 활용된 방식에 대해 몇 가지 중요한 것만 언급하겠다. 우선, 모어 이후로 유토피아 작품들은 도시 구조에 큰 관심을 기울인다는 지적이 자주 있었다. 특히 역사가이자 건축 비평가인 루이스 멈퍼드(Lewis Mumford, 1895~1990)는 도시와 유토피아가 긴밀히 연결돼 있다고 주장했다. 각각 19세기 후반과 20세기 중반의 작품에서 발췌한 아래 인용문에는 유토피아적 건축의 풍경이 담겨 있다.

발아래 거대한 도시가 펼쳐졌다. 넓은 도로가 가로수 그늘을 드리운 채 사방으로 뻗어나갔고, 그 주변으로 멋진 건물들이 줄지어 섰는데, 전체적으로 건물들은 연속적인 덩어리를 이루기보다는 크고 작은 여러 구획을 이루었다. 구역마다 커다란 광장이 있었고, 광장을 메운 나무들 사이에서 동상과 분수가 늦은 오후의 햇살을 받아 반짝거렸다. 내가 살던 시대와는 비교가 되지 않을 정도로 엄청난 규모와 화려한 건축미를 자랑하는 공공건물들이 어디서나 위엄 있게 솟아 있었다.

—에드워드 벨러미(Edward Bellamy), 『뒤돌아보며Looking Backward』

그녀의 눈에 보이는 건…… 강, 보잘것없는 작은 건물들, 다리 긴 새를 닮은 기이한 조형물들과 거기 달려 돌아가는 풍차 날개들, 적갈색과 노란색의 큰 건물 몇 채, 파란 돔 하나. 건물들은 생김새가 제각각이었는데, 모두 그녀 시대의 어떤 슈퍼마켓보다도, 여느 쇼핑센터에나 있는 그런 평범한 슈퍼마켓보다도 작았다. 새 모양 조형물이 근방에서 가장 높았지만, 그나마도 그녀의 시야에 들어오는 소나무 몇 그루를 간신히 넘길 정도였다. 울퉁불퉁한 비정형의 구조물 몇이 초록 덩굴로 뒤덮인 채 서 있었다.

—마지 피어시, 『시간의 경계에 선 여자Woman on the Edge of Time』

흔히 20세기 중반까지의 유토피아들은 일종의 공동소유제를 대변했다고 평가되지만, 사실 유토피아는 가능한 모든 입장에서 집필되었다. 사회주의, 자본주의, 군주주의, 민주주의, 무정부주의, 생태주의, 페미니즘, 가부장주의, 평등주의, 위계주의, 인종주의, 좌파, 우파, 개량주의, 자유연애, 핵가족, 대가족, 게이, 레즈비언, 그리고 그 밖에도 여러 입장의 유토피아가 존재하며, 이 모든 종류의 유토피아가 1516년과 20세기 중반 사이에, 그러니까 다양성의 가치가 제대로 확립되기 이전에 발간되었다. 또한 강력한 반(反)유토피아 전통에 비추어 위 종류들 앞에 접두어 '반-'을 덧붙이기만 해도 그 수는 배가 되며, 20세기 초 이후로는 이 모든 입장들을 반영한 디스토피아들이 집필되었다.

이런 다양한 작품들은 모두 더 나은 사회를 구현하는 데 중요하다고 판단되는 쟁점들에 대한 작가들의 응답이었다. 쟁점들 대부분은 법과 질서, 종교적 믿음과 실천, 경제 관계, 거버넌스, 육아와 교육 등 영속적인 것들이지만, 각 쟁점의 중요도는 집필 당시의 시대 상황에 따라 달라진다. 유토피아는 작가가 활동한 시기에 중요했던 쟁점들을 반영한다.

작품 속에서 제안되는 해결책들은, 문제가 된 쟁점들에 비하면 그 유형이 (세목 차원에서는 아닐지 몰라도) 비교적 제한적이다. 종교의 개혁과 신도들의 참된 실천, 새로운 법규와 공정한 집행, 경제체제 및 정치체제 개선, 더 나은 교육, 그리고 과학과 기술의 지혜로운 사용이 가장 빈번히 제시되는 해결책들이다. 유토피아 작품들은 이상화된 과거 속에서 미래를 찾는다는 점에서 노스탤지어를 불러일으키는 경우가 많지만, 이때 유토피아는 과거 사람들의 실제 삶의 방식에 있는 것이 아니라 그것을 매끈히 정리한 형태에 있다. 다른 전형적인 주제들로는 단순 소박한 삶, 도시와 전원 간의 바람직한 균형 같은 것들이 있다. 한편 이 모든 제안이 그릇되게 시행되거나 소수의 개인이나 특정(경제, 성별, 권력) 집단에 유리한 방향으로 시행되어 결과적으로 디스토피아가 초래된 모습을 그린 작품들도 있었다. 유토피안들이 보기에는 인간의 지능과 창의성에 한계가 없었고, 디스토피안들이 보기에는 인간의 탐욕과 우매함에 한계가 없었다. 양편의 주장은 모두 옳아 보인다.

문학의 다른 모든 장르에서와 마찬가지로, 유토피아 문학에도 장르 자체를 규정하는 것처럼 보일 정도로 잘 알려진 작품과 작가들이 있다. 실은 우리에게 상대적으로 생소한 작품들이 각 시대에는 더욱 전형적인 종류였을 것이다. 하지만 유토피아 문학을 추동해온 것은 가장 잘 알려진 작품들이었다.

모어의 『유토피아』

모어의 『유토피아』는 작지만 복잡한 책이며, 그의 입장은 해석자에 따라 전통적 로마 가톨릭주의나 영국 제국주의에서 마르크스주의까지 매우 상이한 방향으로 읽혔다. 이 과정에서 때로는 책의 복합성이 간단히 무시되었고, 때로는 더욱 부풀려졌다. 문제의 원인 중 하나는 『유토피아』가 겉으로는 단선적으로 보이나 실은 해학과 풍자가 상당한 작품이라는 데 있다. 그리고 당대에 라틴어 원본을 읽었을 독자들은 명백히 이해했을 재치 있는 말장난들이 몇 세대에 걸친 번역 과정에서 제대로 반영되지 않은 점도 오독에 기여했다. 말장난이 그리 많지는 않으나, 유토피아의 주된 강인 아니드루스(Anydrus)가 '물 없는 강'을 의미하고, 유토피아를 묘사하는 인물의 성(姓)

인 히틀로다에우스(Hythlodaeus)가 '허튼소리 하는 자'를 의미한다는 사실을 알고 나면 독자는 고개를 갸웃거리게 될 것이다. 하지만 히틀로다에우스의 이름 라파엘은 '하느님이 보내신 치료자'를 뜻하므로, 분명한 결론을 내리기는 어렵다. 1517년 판 『유토피아』에 삽입된 '피터르 힐리스에게 보낸 편지'에서 모어는 자신의 말장난과 관련해 의뭉스러운 태도를 보였다. 『유토피아』가 사실인지 허구인지 구분하지 못했다는 한 비평가를 언급하면서, 허구였다면 자신이 그런 언질을 주었을 거라고 말한다.

그래서 내가 만일 섬은 어디에도 없고, 도시는 환영이고, 강에 물이 없고, 군주에게 백성이 없음을 식자들에게 넌지시 암시해줄 만한 그런 이름들을 그 군주와 강, 도시, 섬에 지어 붙이기만 했어도, 사실대로 쓴 것보다 훨씬 더 재기발랄했을 겁니다. 역사가의 충실성이 나를 옥죄니 어쩔 도리가 없었을 뿐, 내가 유토피아, 아니드루스, 아마우로툼(Amaurotum), 아데무스(Ademus) 따위의 조악하고 터무니없는 이름을 원해서 쓸 만큼 미련한 사람은 아니지요.

하지만 실제로 유토피아, 아니드루스, 아마우로툼, 아데무스는 각각 어디에도 없는 섬, 물 없는 강, 환영의 도시, 백성 없는 군주를 뜻한다.

또다른 문제는, 『유토피아』에서 긍정적으로 묘사된 제도 중에 (자발적인 안락사처럼) 로마 가톨릭교회의 가르침에 어긋나는 것들, 또는 (종교적 관용처럼) 훗날 모어 스스로 배격했던 것들이 포함되어 있다는 점이다. 일부 해석자들은 그런 제도들을 배제할 방도를 찾아야 했다. 신앙의 순교자 성 토머스 모어는, 그에 대한 그들의 믿음에 어긋나는 생각을 품었을 리도 없고, (네덜란드의 인문주의자이자 신학자로 그와 가까운 친구였던) 에라스뮈스(1466/1469~1536)처럼 훗날 스스로 반대하게 될 발상을 장난삼아 제안해봤을 리도 만무하기 때문이었다.

현대인이 보기에 『유토피아』에 묘사된 사회는 그리 매력적이지 않다. 그곳은 권위주의적이고, 위계적이고, 가부장적이며, 비교적 가벼운 범죄에도 노역형이 선고되던 곳이었다. 하지만 16세기 초의 독자들에게 그런 것들은 정상이었다. 게다가 유토피아의 노역형은, 일부 경범죄도 사형으로 다스리곤 하던 당시의 양형 기준에 비추어볼 때 인간적인 편이었다. 무엇보다 중요한 것은, 유토피아에서는 그 누구도 가난하거나 부유하지 않았다. 수요를 줄이고, 누구나 일하고, 공평하게 나눠 갖고, 소박하게 생활한 덕분이었다. 따라서 16세기의 많은 사람들에게 모어의 유토피아는 낙원처럼 보였을 것이다.

풍자

모어의 『유토피아』를 관통하는 풍자는, 유토피아의 두 갈래 전통 모두에 필수적이다. 유토피아의 일반적인 기능 중 하나가 바로 당대를 조롱하는 것이기 때문이다. 자주 활용되는 것은 풍자의 전형적 도구인 과장이다. 일부 작품에서는 정작 주장하는 내용이 (만약 있다면) 무엇인지 분명히 드러나지 않기도 한다. 예를 들어 영국 소설가 새뮤얼 버틀러(Samuel Butler, 1835~1902)의 『에레혼―산맥 너머Erewhon; or, Over the Range』(1872)〔에레혼erewhon은 nowhere의 철자를 거꾸로 배열해 만든 이름이다―옮긴이〕에서 범죄자들은 환자로 간주되어 병원으로 보내지지만 환자들은 교도소로 보내진다. 이 작품은 '에레호니안(Erewhonian)'이라 지칭할 수 있는 하나의 하위 장르를 낳았다.

아일랜드의 풍자가 조너선 스위프트(Jonathan Swift, 1667~1745)는 오늘날 『걸리버 여행기Gulliver's Travels』로 알려진 『세계의 몇몇 먼 나라로 떠난 여행Travels into Several Remote Nations of the World』(1726)에서 더욱 전형적인 풍자를 선보였다. 여행기 제4권에 이 책의 좋은 곳이 등장하는데, 이곳을 지배하는 종족은 인간이 아니라 말이다. 인간인 야후(Yahoo)는 동물에 가깝고, 말인 후이늠(Houyhnhnm)은 이성적이니, 스위프트가 인간과 이성에 대해 무엇을 말하는지는 명백하다. 『걸리버 여행

기』는 걸리버리아나(Gulliveriana)로 알려진 커다란 하위 장르
를 낳았는데, 원작만큼 세련된 작품은 거의 없고, 대체로 그저
인간적 특징이 있는 어떤 동물을 보여주는 정도다. 최근에는
걸리버가 걸핏하면 버리고 떠나가는 그의 아내에 관해 많은
글이 쓰였다.

　스위프트가 글을 쓰던 바로 그 무렵에, 영국 작가 대니
얼 디포(Daniel Defoe, 1660~1731)가 오늘날 『로빈슨 크루소
Robinson Crusoe』로 알려진 『요크의 선원 로빈슨 크루소의 생애
와 이상하고 놀라운 모험The Life and Strange Surprizing Adventures
of Robinson Crusoe, of York, Mariner』(1719)을 발간했다. 이 작품은
스코틀랜드의 알렉산더 셀커크(Alexander Selkirk, 1676~1721)
라는 선원이 조난해 홀로 외딴섬에서 4년을 보낸 실화에 바탕
을 두었다. 크루소는 혼자였고 작품 속에서 거의 내내 자기 상
황에 그다지 만족하지 못했기 때문에, 그 공간은 긍정적으로
도 부정적으로도 보기 어렵다. 이 점은 크루소가 프라이데이
를 만난 후에도 변하지 않는다. (크루소는 인근 섬의 원주민인 그
를 식인종으로부터 구해준다.) 하지만 『로빈슨 크루소』가 낳은
커다란 하위 장르인 로빈소네이드(Robinsonade)는 대체로 한
무리의 조난자들이 등장하는 유토피아다. 가장 잘 알려진 작
품은 스위스 작가 요한 다비트 비스(Johann David Wyss, 1743
~1818)의 『스위스 로빈슨 가족The Swiss Family Robinson』(1812~

1813)으로, 영화로도 제작되어 인기를 끌었다.

벨러미 효과

19세기 후반과 20세기 초반의 위대한 유토피안으로는 미국의 에드워드 벨러미(1850~1898)와 영국 작가 윌리엄 모리스(William Morris, 1834~1896)와 H. G. 웰스(Herbert George Wells, 1866~1946)가 있다. 벨러미의 『뒤돌아보며Looking Backward: 2000-1887 A.D.』(1888)는 세계적으로 대거 판매되었고, 이후 1차세계대전이 발발하기 전까지 유토피아 출판이 급증하는 단초가 되었다. 벨러미의 유토피아는 미래의 매사추세츠주 보스턴을 배경으로 하는데, 사회는 진화하여 이미 자본과 노동의 적대관계가 극복된 상태이다. 기업이 거대화하고 경제 전반을 독점하자, 국가가 이들을 국영화하거나 흡수해 노동자들을 직접 고용한 것이다. 노동 시간은 노동의 불쾌도와 위험도에 따라 달라졌고, 사람들은 모두 45세에 은퇴했다.

윌리엄 모리스는 『뒤돌아보며』의 서평에서 벨러미의 '기계적인 삶'이 '**노동의 고통**을 최소화'하기보다는 노동의 양을 줄여 그저 견딜 만하게 만드는 데 치중한다며 혹평했다. 그는 뒤이어 『어디에도 없는 곳의 소식―안식의 시대News from Nowhere; or, An Epoch of Rest』(1890)를 집필해 공예(工藝)와 지역 공동체를 강조하는 사회를 그렸다. 정교한 정치체제를 둔 벨러미와 달리, 모리스는 의사당을 거름 창고로 사용하고 '우리에게 이제 정치라 부를 만한 것은 없다'고 말한다. 벨러미는 『어디에도 없는 곳의 소식』을 대체로 호의적으로 평가했지만, 세부 사항이 보강돼야 한다고 지적했다.

그러나 가장 많은 작품을 남긴 유토피아 작가는 긍정적 유토피아와 디스토피아를 모두 썼던 H. G. 웰스다. 작품은 매우 다양하지만, 중심적인 주제들이 있다. 하나는 자본과 노동의 갈등, 그것이 해결되지 않을 때 벌어질 일들, 그리고 그 해결 방안이다. 다른 하나는 세계 정부의 필요성이다.

웰스는 '비관적 유토피안'이라는 말로 가장 잘 묘사된다. 그는 인간의 삶을 혁신적으로 개선하는 것이 가능하다고 믿었지만, 인간에게 그런 의지가 있는지를 의심했다. 결코 희망을 놓지는 않았지만, 의심을 멈추지도 않았다. 그의 초기작이면서 가장 성공적인 작품이기도 한 『타임머신The Time Machine』 (1895)은 자본가와 노동자의 후손들이 여전히 대립하고 있는 먼 미래를 그렸다. 그가 쓴 다른 유토피아들과 디스토피아들은 대체로 좀더 가까운 미래를 배경으로 하며, 일부(특히 디스토피아)는 자본과 노동의 분열이 점차 극단으로 치달아 『타임머신』에 묘사된 미래로 이행하는 중간 단계로 읽힌다. 웰스는 자신의 유토피아 소설과 상당수 정치적 저술에서 그런 암

울한 미래를 피할 방안들을 제시했다. 그는 인간의 지성, 특히 과학적 지성을 사회문제에 적용하는 것이 해답이라고 믿었다. 『모던 유토피아A Modern Utopia』(1905)에는 그가 가능하다고 믿었던 훨씬 더 나은 사회를 만들고 지탱하는 한 무리의 남녀가 등장한다. '사무라이'라 불리는 그들은 엄격한 행동강령에 따라 봉사와 헌신의 삶을 살았다.

웰스는 여러 저작에서 '공공연한 음모(Open Conspiracy)'라 명명한 개혁 구상을 밝히고 실제로 사무라이 같은 집단을 조직하자고 주장했다. 또한 산아제한이나 세계 백과사전 같은 여러 혁신적 조치들을 옹호했고, 그런 작은 발걸음들이 사회를 바른 방향으로 이끌어주리라 믿었다. 물론 웰스는 그의 제안들이 더욱 적극적으로 채택되지 않는 데 좌절했다. 그는 사람들을 설득하고 교육, 특히 과학 교육을 증진하기 위해 부단히 애썼다. 더 나은 교육을 받은 대중은 자신의 제안에 더 수용적일 것으로 기대했기 때문이다. 하지만 웰스는 유토피아 소설과 정치적 저술보다는 비(非)유토피아 과학소설과 디스토피아 및 몇몇 코믹 소설로 더 잘 알려져 있다.

디스토피아의 성장

양차 세계대전, 스페인 독감, 경제 대공황, 한국전쟁, 베트남

전쟁을 비롯한 20세기의 여러 사건 속에서, 디스토피아는 유
토피아 문학의 지배적 형태로 발전했다. '디스토피아'라는 단
어가 처음 사용된 것은 18세기 중반이고, 영국 철학자 존 스튜
어트 밀(John Stuart Mill, 1806~1873)이 1868년에 의회 연설
에서 그 말을 사용하기도 했지만, 하나의 문학 양식과 그것을
일컫는 용어로서의 디스토피아는 20세기가 되어서야 널리 사
용되기 시작했다.

　1883년에 프랜시스 골턴(Francis Galton, 1822~1911)은 우
월한 후손을 생산하는 방법을 뜻하는 '우생학(eugenics)'이라
는 용어를 만들었는데, 그 대상은 명확히 동물이 아니라 인간
이었다. 선택적 생식을 통해 일정한 형질을 증진하거나(적극
적 우생학) 억제함으로써(소극적 우생학) 종으로서의 인간을 개
량하자는 운동이 일어났고, 이 운동을 반영하여 여러 유토피
아가 창작되었다. 그중에는 골턴의 미발표작 두 편, 「칸트세
이웨어Kantsaywhere」와 「도너위어의 도너휴 가문The Donoghues
of Dunno Weir」도 있었다(말장난을 그럴싸하게 옮긴 제목인데, 뜻
을 풀자면 '어딘지 말할 수 없는 곳'(Can't-say-where)과 '알지 못하는
곳의 알지 못하는 가문'(The Don't-know-who's of Don't-know-where)
정도가 되겠다—옮긴이). 골턴의 것을 포함한 상당수 작품들은,
선택적 생식만으로는 바라는 결과를 얻지 못할 것으로 보고,
부모의 신체적·정신적 특성뿐 아니라 아이가 속하게 될 사회

의 환경과 아이가 양육되는 방식에도 관심을 기울였다. 다른 작품들은 주로 선택적 생식에 주목하고, 열악한 특성을 보이는 이들이 아이를 낳지 못하게 하거나 바람직한 특성을 보이는 사람들이 그들 사이에서만 아이를 낳도록 의무화함으로써 열성 형질을 제거하는 데 초점을 맞추었다. 이런 접근법을 취했을 때 그 결과는 디스토피아였다. 어떤 형질을 선택할지를 두고도 의견이 엇갈렸고, 선택 과정에서 권력이 남용될 우려도 있었기 때문이다.

선택의 기준을 인종과 종족으로 삼자는 주장이 빈번했고, 그럴 수 있는 권력이 존재하는 곳에서는 실행으로 이어졌다. 가장 잘 알려진 사례는 국가사회주의 체제하의 독일이었다. 제거 대상으로 지정된 형질을 보이는 사람들은 아이만 갖지 못한 것이 아니라 죽임을 당했다. 또 상대적으로 덜 알려졌지만, 바람직한 형질을 가진 인구를 증식시키는 적극적 우생학도 시행되었다. 독일을 포함한 몇몇 나라에서는 그런 기획을 통해 건설될 더 나은 사회를 묘사한 유토피아들이 출판됐다.

상당수는 에른스트 베르크만(Ernst Bergmann)의 『독일, 신인류의 문화국Deutschland, das Bildungsland der Neuen Menschen』(1933) 같은 나치 유토피아였다. 하지만 반독일 반나치 디스토피아도 많았고, 캐서린 버더킨(Katherine Burdekin, 1896~1963)이 머리 콘스턴틴(Murray Constantine)이라는 필명으로

쓴 『스바스티카의 밤Swastika Night』(1937)이 그중 가장 영향력 있는 작품으로 손꼽힌다.

반독일 반소련 디스토피아들이 줄을 잇던 바로 그 무렵에, 탁월한 세 작품이 세상에 나왔다. 러시아 작가 예브게니 자먀틴(Yevgeny Zamyatin, 1884~1937)의 『우리들We』(1920년에 러시아어로 탈고됐으나 1924년에 영어로 먼저 출간됐다), 영국 작가 올더스 헉슬리(Aldous Huxley, 1894~1963)의 『멋진 신세계Brave New World』(1932), 역시 영국 작가인 조지 오웰(George Orwell, 본명 에릭 블레어Eric Blair, 1903~1950)의 『1984Nineteen Eighty-Four』(1949, 오웰은 숫자가 아닌 글자 제목을 고집했다)가 바로 그것들이다. 이들 작품은 공히 권력의 남용을 비판했지만, 저마다 다양한 측면과 관심사를 가진 복합적인 글이며, 공산주의만큼이나 자본주의도 공격했다. 세 작품 모두 성욕의 힘을 통제하려는 시도가 부분적으로 실패하는 모습을 그린다. 『우리들』은 개인의 필요를 충족시키는 방향으로 성행위를 허가하고, 『멋진 신세계』는 성적 방종을 고집하며, 『1984』는 성을 심각하게 제한한다. 그리고 세 작품 모두 성만큼은 전체주의체제에서조차 통제 불가능한 영역으로 남을 것임을 시사한다.

헉슬리는 에세이집 『멋진 신세계 재고Brave New World Revisited』(1958)에서, 『멋진 신세계』를 집필하던 1930년대에는 자신이 당시 관찰하고 우려하던 사실들을 그대로 미래로 투사했었는데, 그로부터 25년이 흐르고 보니, 그 미래가 예상했던 것보다 훨씬 빠른 속도로 다가오고 있는 것 같다고 말했다. 그러면서 만약 『멋진 신세계』를 다시 쓴다면 좀더 긍정적인 대안을 제시할 거라고 밝혔는데, 1962년에 출간한 유토피아 『아일랜드 Island』에서 실제로 그렇게 했다. 이 작품에는, 성적 방종은 구속 없는 사랑(사랑에 강조점)으로 변화되고, 문제 회피용 약물인 소마(Soma)는 깨달음을 가져다주는 모크샤(Moksha, 페이요티 선인장 환각제나 LSD와 비슷)로 대체되고, 그 밖에도 『멋진 신세계』의 부정적인 면들이 적어도 부분적으로는 종교의 힘을 통해 긍정적으로 바뀐, 한 좋은 사회가 묘사된다. 하지만 결국에는 이 유토피아도 그곳의 석유를 노린 외부 세력에 의해 파멸된다.

헉슬리가 사용한 방법, 즉 주변에서 관찰되는 경향들을 그대로 미래로 연장하거나 투사하는 방법은 디스토피아의 규범으로 자리잡았다. 디스토피아는 유토피아와 달리 외부에서 온 방문자가 아닌 내부자의 시선으로 묘사되는 경향이 있고, 집필 당시의 상황과 분명한 연관성을 보인다. 그 연관 고리 안에서 디스토피아는 부정적인 메시지와 더불어 명백히 긍정적인 메시지를 나란히 전한다. H. G. 웰스가 늘 지적했듯이, 디스토피아는 만약 우리가 행동에 나서지 않으면 이런 일이 벌어질

테지만, 우리가 지금이라도 행동한다면 이런 미래를 피할 수 있다고 말한다. 대부분의 디스토피아 작가들은 그 정도 경고에서 멈추었지만, 웰스는 그래서 어떤 조치가 필요하고 그걸 어떤 방법으로 시행해야 하는지, 자신의 견해를 명확히 전달하고자 힘썼다.

20세기의 주도적 문학 양식은 디스토피아였으나, 유토피아는 사라지지 않았다. 20세기 전반의 위대한 디스토피아들이 속속 탄생하던 바로 그 시기에 유토피아도 상당수 출판됐고, 특히 1930년대 대공황 동안에는 유토피아 운동이 꽃을 피웠다. 미국에서는 소설가 업턴 싱클레어(Upton Sinclair, 1878~1968)가 그 둘을 결합했다. 그는 『우리 미국인 그리고 우리가 가난을 끝낸 방법We, People of America and How We Ended Poverty』(1935)을 비롯한 여러 유토피아를 썼고, '캘리포니아에서 가난을 끝내자(End Poverty in California, EPIC)'라는 정책을 내세우며 캘리포니아 주지사 선거에 출마하기도 했다. 엔지니어와 과학자로 정치인을 대체하자는 테크노크라시 운동도 여러 유토피아 작품에 영감을 주었는데, 그중 해럴드 로브(Harold Loeb, 1891~1974)의 『테크노크라시 체제의 삶Life in a Technocracy』(1933)이 주목할 만하다. 그 밖에도 당대의 사회 경제적 문제들과 씨름하던 대부분의 나라에서 유사한 운동들이 일어났다. 하지만 전쟁 발발의 우려가 더욱 심각하게 대두되

면서 디스토피아는 주도권을 유지했고, 그런 상황은 2차세계
대전이 끝날 때까지 계속됐다.

영국에서는 J. B. 프리스틀리(Priestley, 1894~1984)의「그
들은 도시로 왔다They Came to a City」(1944)나 C. E. M. 조드
(Joad, 1891~1953)의『더 나은 세계를 찾아 떠난 젊은 병사의
모험The Adventures of the Young Soldier in Search of the Better World』
(1943) 같은 작품들이 전쟁 기간과 종전 직후의 혼란기에 등
장해, 승리 후 건설될 더 나은 사회를 전망했다. 1945년 선거
에서 노동당이 승리한 후에는 제임스 핸리(James Hanley, 1901
~1985)의『파라가 본 것What Farrar Saw』(1946)이나 서머싯 드
체어(Somerset De Chair, 1911~1995)의『금주禁酒주의 국가The
Teetotalitarian State』(1947) 같은 작품들이 노동당의 정책을 풍자
했다.

'60년대'

디스토피아가 지배하던 시기에도 유토피아는 꾸준히 출간
됐지만 크게 주목을 받지는 못했는데, 이른바 '60년대'(정확한
날짜는 나라마다 다르다)에 유토피아니즘 열풍이 일면서 상황
이 달라졌다. 이 시기의 유토피아적 열망은 대체로 거리를 달
구었고, 1968년 체코슬로바키아 민주화운동, 1968년 파리 혁

명('현실을 직시하자, 그러나 불가능한 것을 요구하자'라는 그들의 메시지는 명백히 유토피아적이었다), 그리고 미국의 인권운동 등으로 이어졌다. 그와 함께 (당시에는 일반적으로 코뮌이라 불리던) 계획 공동체들이 활발히 건설됐고, 그중 여럿은 40년이 지난 지금도 여전히 건재하다. 유토피아 문학은 번창했지만, 예전과 달리 차분해진 모습이었다. 더 나은 사회를 이룩하기가 쉽지 않다는 깨달음 때문이었다. 이들이 묘사하는 사회는 현실적 인간으로서의 장단점을 지닌 남녀들로 구성된 곳이었다. 아무리 훨씬 더 나은 사회라 해도 여전히 문제를 안고 있었으며, 어떤 문제들은 심각했다. 어슐러 K. 르 귄(Ursula K. Le Guin, 1929~(2018))의 『빼앗긴 자들The Dispossessed』(1974)에는 '모호한 유토피아(An Ambiguous Utopia)'라는 부제가 달렸는데, 이는 당시에 출간된 다른 여러 작품과도 부합하는 말이었다. 문학연구가 톰 모일런(Tom Moylan, 1943~)은 그런 작품을 '비판적(critical) 유토피아'라 불렀고, 페미니스트 유토피아니즘에 주목한 정치이론가 루시 사지슨(Lucy Sargisson, 1964~)은 '위반하는(transgressive) 유토피아'라는 표현을 썼다. 나는 일부 작품들을 '결함 있는(flawed) 유토피아'라 부르는데, 겉으로는 유토피아처럼 보이지만 실은 디스토피아일지 모르는 공간을 제시하는 몇몇 작가들의 작법에 주목한 표현이다. 어슐러 K. 르 귄의 「오멜라스를 떠나는 사람들The Ones Who Walk Away

From Omelas」(1973)이 그런 예다.

페미니스트 유토피아는 60년대 유토피아니즘에서 흘러나온 지류 중 가장 중요하며, 당시 출간된 소설 중에 오늘날까지 읽히는 작품 대부분이 이에 속한다. 조애나 러스(Joanna Russ, 1937~(2011))는 1972년에 발표한 에세이 「여주인공은 무엇을 할 수 있는가?─여성은 왜 작가가 될 수 없는가What Can a Heroine Do? Or Why Women Can't Write」에서, 현실 사회가 지나치게 남성 중심적이기 때문에 여성들이 전인적인 여성 캐릭터를 구축하기 위해서는 아예 새로운 세계를 고안할 수밖에 없다고 주장했다. 페미니스트 유토피아니즘은 페미니스트 운동의 중요한 일부였다. 가장 널리 알려진 페미니스트 유토피아로는 러스의 『여성 남자The Female Man』(1975), 마지 피어시(1936~)의 『시간의 경계에 선 여자』(1976), 그리고 제임스 팁트리 주니어(James Tiptree, Jr.)라는 필명으로 활동한 앨리스 브래들리 셸던(Alice Bradley Sheldon, 1915~1987)의 「휴스턴, 휴스턴, 들리는가?Houston, Houston, Do You Read?」(1976)를 비롯한 여러 단편이 있다.

오늘날의 유토피아

60년대 유토피아니즘의 제반 양상은 서구 사회에서 장기간에 걸쳐 일어난 여러 변화의 한 부분이었지만, 변화에는 반작용이 뒤따랐고, (유토피아 작품의 명맥은 유지됐으나) 유토피아 문학의 경향은 대체로 디스토피아로 회귀했다. 레즈비언 유토피아를 제외한 페미니스트 유토피아는 1990년대에 거의 사라지다시피 했다(그러다 2000년 이후에야 부활했다). 디스토피아로의 회귀에서 한 가지 두드러지는 예외는 환경 유토피아다. 물론 미래의 끔찍한 환경 재앙을 묘사한 디스토피아도 많지만, 킴 스탠리 로빈슨(Kim Stanley Robinson, 1952~)을 비롯한 여러 작가가 환경 분야에서 중요한 유토피아 작품들을 내놓았다. 로빈슨은 환경을 주제로 한 삼부작을 두 차례 출간했는데, 하나는 화성 연대기(1992, 1993, 1996)이고 다른 하나는 기후변화/지구온난화 시리즈다. 두번째 삼부작의 첫 권인 『비의 40가지 징조Forty Signs of Rain』(2004)에서는 정치인들이 온난화 대처에 실패하면서 디스토피아가 닥쳐오지만, 나머지 두 권인 『영하 50도Fifty Degrees Below』(2005)와 『60일하고 더Sixty Days and Counting』(2007)에서는 정책 변화로 인해 궁극적으로 긍정적인 결과가 나타난다. 어니스트 칼렌바크(Ernest Callenbach, 1928~(2012))의 1975년 소설에서 이름을 딴 에코토피아(ecotopia)라는 하위 장르는 현재 전체 유토피아의 지류 중에서 가장 강력하다. 에코토피아 중에는 페미니즘적 관점을 함께 지닌 작품이 많으므로, 지난 50년간 가장 강력했던 두

지류는 곧잘 합류하는 셈이다. 샐리 밀러 기어하트(Sally Miller Gearhart, 1931~)의 소설 『유랑의 땅: 구릉 여성들 이야기The Wanderground: Stories of the Hill Women』(1978)와 『집정관Magister』(2003)도 페미니즘과 생태주의의 관점을 결합한 사례다.

유토피아 문학은 새로운 형식을 더해가며 끊임없이 변화하고 있다. 오늘날의 작품들은 대체로, 더 좋지만 결함 있는 사회를 제시하거나 혹은 더 나쁘지만 여전히 어떤 장점이 있는 사회를 제시하며, 그런 의미에서 복합적이거나 모호하다. 최근에 유토피아 문학에 나타난 한 가지 변화는 웹 출판과 주문형 출판으로의 이동이다(주문형 출판 이전에는 자비 출판이 종종 이용되곤 했다). 인터넷 게재물이나 주문형 출판물들은, 과거의 일부 유토피아들처럼, 복잡한 문제에 대해 단순하고 획일적인 답을 제시하는 경향이 있다. 하지만 메릿 에이브러시(Merritt Abrash, 1930~)의 『유토피아를 생각하며Mindful of Utopia』(2002) 같은 작품은 오늘날의 여느 유토피아들 못지않게 복합적이다. 새로운 형태의 출판물들은 현대 유토피아 문학의 성장에 기여하고 있으나, 과거에도 여러 유토피아가 그랬듯이, 그들 중 상당수는 독자들의 관심을 끌지 못해 저자에게 실망을 안긴다.

제 2 장

유토피아적 실천

수세기에 걸쳐 많은 개인과 집단이 그들의 비전을 실행에 옮기고자 애써왔다. 그러기 위해 어떤 이들은 정치권력을 얻고자 했고(여기 성공한 이들은 많지 않다) 다른 이들은 사회운동을 조직했다(이들은 매우 성공적이었다). 정치권력을 쟁취한 유토피안들은 유토피아가 아닌 디스토피아를 초래하는 일이 잦았다. 20세기의 주요한 예로, 아돌프 히틀러(1889~1945) 치하의 나치 독일과 폴 포트(1928~1998) 치하의 캄보디아(캄푸치아)를 들 수 있다.

그러나 특정 비전을 실행에 옮기는 가장 일반적인 형태는 소규모 공동체의 설립이다. 사회 일반으로부터 벗어나 아무런 간섭 없이 구성원들의 신념을 실천하기 위한 공동체도 있고,

혹은 사회 일반에 그들의 유토피아가 실현 가능한 것임을 입증해 보이기 위한 공동체도 있다. 역사가 아서 유진 베스터 주니어(Arthur Eugene Bestor, Jr, 1908~1994)는 후자를 '좋은 사회의 특허용 모델(patent-office models of the good society)'〔어떤 원리의 특허용 모델은 그에 관한 설명이나 도면이 아니라 그것을 그대로 구현한 작동모형이다—옮긴이〕이라 불렀다. 베스터는 공동체 운동과 유토피아니즘의 연관성을 부정했지만, 그의 표현은 분명 둘을 연결짓고 있다.

이와 더불어, 소규모의 한시적인 행동들도 이제는 유토피아적 실천으로 간주한다. 참여자들이 특정 디스토피아에 반대하는 뜻에서 대개 어떤 유토피아적인 이미지를 활용하기 때문이다. 이런 행동들은 공연이나 시위 등 매우 다양한 방식으로 나타난다.

계획 공동체

현재는 코뮌과 더불어 계획 공동체라는 명칭이 가장 빈번히 사용되고 있지만, 과거에는 그 밖에도 다양한 이름이 있었고, 그중 상당수는 즉각적으로 유토피아니즘을 환기했다—유토피아적 공동체, 유토피아적 실험, 실천적 유토피아, 대안 사회, 실험적 공동체 등이 그것들이다. 그러나 이 부류의 명칭과 그 변이형들은 아예 수용되지 않거나 혹은 시간이 흐르면서 더욱 중립적인 명칭들에 밀려났다. 다수의 공동체 구성원들이 '유토피아'라는 표현을 거부하고 '계획 공동체'를 선호하게 된 것이다. 하지만 그런 거부, 그리고 대체로 그런 공동체들이 일반적인 의미의 유토피아와는 거리가 있다는 사실에도 불구하고, 그들과 유토피아니즘 사이에는 긴밀한 연관성이 있다.

계획 공동체에 대해 완전히 합의된 정의는 없으나, 많은 이들이 나의 정의나 그와 유사한 형태에 동의할 것이다.

계획 공동체란, 공통된 가치를 증진하거나 상호 합의된 목적을 달성하기 위해 함께 살기로 결정한, 둘 이상의 핵가족에서 나온 다섯 이상의 성인과 (있다면) 그들의 자녀들로 구성된 집단이다.

이 정의에서 가장 중요한 부분은 '공통된 가치'나 '상호 합의된 목적'에 바탕을 둔 삶이라는 점이다. 바로 이 대목이 계획 공동체와 유토피아니즘을 연결짓는다.

모든 공동체는, 심지어 임박한 그리스도의 재림을 믿고 기다리는 이들조차도, 구성원의 삶의 방식을 규정하는 강령, 규약, 그리고/또는 (공식적이거나 비공식적인) 합의를 둔다. 만약 그런 문헌이나 합의가 허구의 세계에 관한 것이라면, 우리는 주저 없이 그것들을 문학적 유토피아라 부를 것이다. 사실 그것들은 공동체가 실제로 작동하는 방식을 정확히 반영하지 않는다는 의미에서는 허구인 경우가 많다.

계획 공동체는 특정한 삶의 방식을 실천하기 위해 설립된다. 어떤 공동체는 성(性)문화를 급진적으로 변화시키고자 했다. 식문화를 바꾼 공동체도 많았고, 그중에서 채식주의 공동체는 식단을 바꿨다. 노동이 조직되는 방식을 바꾼 공동체도 많았다. 이들은 특히 노동의 배분에서 성별 구분을 없앴다. 어떤 공동체는 정신노동과 육체노동의 구분을 없애는 데 어느 정도 성공을 거두었다.

상당수는 종교적 공동체였고, 그 구성원들은 자신의 신앙이 요구하는 것으로 여겨지는 삶을 살고자 했다. 또다른 많은 공동체는 카리스마 있는 지도자를 추종했고, 그들만의 종교적 신념을 전파해 신도를 모집하고 공동체를 설립했다. 어떤 공동체는 사회이론가의 사상을 따랐다. 그 밖에도 사람들이 주류 사회를 벗어나 남다른 삶을 살기로 결심하는 데는 여러 가지 이유가 있었다.

종교적 공동체의 시작은 아마도 힌두교의 아쉬람(ashram)과 이후의 불교 사찰이었을 것이다. 훗날 서구 전통의 일부로 발전한 믿음을 실천하기 위해 남다른 생활을 시작한 최초의 집단 중 하나는 에세네파(Essenes)였다. 유대인의 한 종파인 에세네파는 기원전 2세기부터 기원후 1세기까지 여러 도시에 거주했고, 쿰란(Qumran) 공동체를 세웠으며, 사해문서 (Dead Sea Scrolls)〔그리스도교 등장 이전의 유대교 경전과 규율 등이 담긴 방대한 필사본으로, 사해 인근의 동굴에서 발견됐다—옮긴이〕를 기록해 보존한 것으로 추정된다. 이들은 대부분 독신으로 지내며 공동생활을 했다. 시간이 더 흐른 뒤에는, 대체로 은둔 생활을 하던 개개의 거룩한 신자들—이들을 통칭하여 광야의 교부들(Desert Fathers)이라 한다—을 중심으로 명백히 그리스도교적인 첫 공동체들이 일부 생겨났다.

많은 종교적 은둔 공동체들은 그들이 해석한 예루살렘 초대교회의 모습, 특히 사도행전 2장 44~45절에 묘사된 소유 공동체적 면모를 지침으로 삼았다—"믿는 사람은 모두 함께 지내며 그들의 모든 것을 공동 소유로 내어놓고 재산과 물건을 팔아서 모든 사람에게 필요한 만큼 나누어주었다". 이후의 공동체들도 스스로를 설명할 때 이 구절을 빈번히 언급했다.

그같은 공동체의 설립자들은 대개 초대교회의 공동생활 방식이 예수의 뜻을 반영한다고 믿었다. 그러나 시간이 더 흐르자, 재산공유제는 교회에 삶을 바친 이들에게는 적절하나 평신도에게는 그렇지 않은 것으로 여겨졌다.

그리스도교 수녀원과 수도원

그리스도교 수도원 전통의 형성에서 중요했던 첫 사건은 『베네딕트 수도 규칙』이었다. 이 책에서 성 베네딕트(480?~543?)는 이상적인 그리스도교인의 삶에 가까운 더 나은 삶을 살 수 있도록 구조적인 환경을 제공해줄 제도를 상세히 설명했다. 그는 '무엇보다도 소유라는 악을 수도원에서 완전히 뿌리 뽑아야' 한다면서, 수도사의 재산 소유를 엄격히 금했다. 배급되는 음식량(규칙 39)과 와인 허용량(하루 1파인트, 규칙 40)도 상세히 기술했다. 육체노동의 양을 규정하고 나태를 경계했으며(규칙 48), 지급되는 의복의 규격(규칙 55)을 제시했고, 또한 당연히 각종 직책과 의례, 수도회 입회 절차를 규정했다. 이 규칙들은 바른 삶을 가능하게 해줄 공동체를 세우는 데 도움을 주었다. 수도원 제도의 옹호자들은, 대부분의 사람은 바르게 살 능력이 없고, 오직 수도원 환경 안에서만 그런 명백히 유토피아적인 목표가 달성될 수 있다고 확언했다.

수도원들이 번창하고 수도사들이 본디 강조된 금욕의 덕목을 저버린 것처럼 보이자, 프랑스 클뤼니의 성 오동(St Odon de Cluny, 878?~942)이 개혁을 시작했다. 그는 클뤼니 수도원을 중심으로 엄격한 수도생활을 확립하고 자신이 보기에 도를 넘어선 타 수도회들의 방만을 바로잡고자 했다. 아시시의 성 프란체스코(San Francesco d'Assisi, 1181/1182~1226) 역시 개혁의 필요성을 강조했고, 진정으로 청빈을 실천할 탁발 수도회의 설립을 제안했다. 프란체스코의 제안은 교회 내 보수주의자들의 반발로 힘을 잃었고, 결국에는 좀더 전통적인 형태의 프란체스코 수도회가 설립됐다.

베네딕트와 오동, 프란체스코 같은 이들이 품었던 이상에 도달하려는 시도는, 수도원 운동의 역사에서 끝없이 되풀이되는 주제다. 새로운 규칙이 마련되어 도입되고 실천된다. 수도원들은 성공을 거두고 호시절을 맞지만, 그것이 타락의 원인이 된다. 수도사들은 편안한 생활에 익숙해지고 안이해진다. 그러면 다시 새로운 규칙이 도입되고, 같은 과정이 되풀이된다.

종교개혁 시기에 생겨난 여러 집단은 신약성서에 대한 자신들의 해석을 삶의 기준으로 삼고자 했다. 일례로, 후터 형제회/후터파(Hutterian Brethren, Hutterites)는 16세기의 급진 종교개혁(Radical Reformation)〔급진파는 주류 프로테스탄트 교파가 이룬 개혁에 만족하지 않고 더욱 반교권적이고 민중친화적인 운동을 펼쳤다—옮긴이〕에서 비롯됐다. 이들에게 이름을 준 초기 지도자 야코프 후터(Jakob Hutter, 1500?~1536)는 재산 공유 및 평화주의에 기반한 공동체를 주창했다.

후터파는 박해를 피해 유럽 각국으로 이주했고, 19세기 후반에 북미 지역에 정착했다. 1차세계대전이 일어나자 평화주

4. 수도 공동체는 가장 유서 깊은 계획 공동체 중 하나로, 주변 사회의 변화에 적응해 가며 번영을 지속해왔다. 그런 변화 중에는 건축적 변화도 있었다. 미국 미주리주 세인트루이스에 있는 베네딕트 공동체의 이 소(小)수도원을 보라.

의 노선으로 인해 미국에서도 박해를 받았고, 결국 여러 공동체가 캐나다로 이주했다. 오늘날 후터 공동체는 500개 정도에 달하는데, 다수는 캐나다에 있다.

종교개혁 시기의 다른 공동체들은 이제 거의 사라졌지만, 그로부터 200여 년간 대륙에서 발생한 신앙 공동체 중 상당수가 미국에 정착했었다. 주목할 만한 예로 아이오와에 정착한 참 영감 공동체(Community of True Inspiration)가 있다. 아마나 공동체(Amana Communities)로 더 잘 알려진 이들은 1714년 독일에서 기원했고, 자신들이 계속해서 하느님으로부터 직접 메시지를 받는다고 믿었던 에버하르트 루트비히 그루버(Eberhard Ludwig Gruber, 1728년 사망)와 요한 프리드리히 로크(Johann Friedrich Rock, 1678?~1749)의 가르침을 따랐다.

영국과 미국에서 발생한 종교 집단들도 자신들의 믿음을 실천하기 위해 공동체를 설립했다. 가장 잘 알려진 집단은 셰이커교도(Shakers, 공식 명칭은 '그리스도 재림신앙 연합회United Society of Believers in Christ's Second Appearing')와 오나이다(Oneida) 공동체다. 여전히 셰이커 신앙을 지키는 공동체가 메인주에 한 곳 남아 있긴 하지만, 오늘날 셰이커교도들은 그들이 생산하는 수공품으로 가장 잘 알려져 있고, 오나이다 공동체도 오나이다 은제식기를 생산하는 주식회사로 변모한 지 오래다. 하지만 전성기 때는 두 공동체 모두 특징적인 성 관습

5. 미국 뉴햄프셔주 캔터베리에 있는 세이커 공동체의 회관. 남녀가 사용하는 문이
   따로 있다.

으로 유명했다. 셰이커교도들은 독신으로 지낸 반면, 오나이다 공동체는 모든 구성원을 시도한 모든 구성원의 배우자로여기는 소위 '복합혼(complex marriage)' 제도를 두었는데, 그렇다고 해서 일반적으로 성관계가 문란하지는 않았다. 두 공동체 모두 성평등을 믿고 실천하고자 했다. 특히 셰이커교도들은 여성인 설립자 앤 리(Ann Lee, 1736~1784)의 몸을 통해그리스도의 재림이 이미 이루어졌다고 믿었다. 오나이다 공동체는 함께 아이를 갖도록 허용될 남녀를 선별함으로써 일종의 우생학적 실험을 시행했다. 그렇게 해서 태어난 아이들이대부분 건강하고 총명했으며 그들의 후손 역시 대체로 그랬다는 점에서, 실험은 대체로 성공적이었던 것으로 간주된다.

다른 공동체들은 개혁가들—이를테면 프리드리히 엥겔스(Friedrich Engels, 1820~1895)가 마르크스의 **과학적** 사회주의와 구별하여 **유토피아** 사회주의자라 불렀던 이들—의 사상에기반을 두고 설립되었다. 엥겔스가 유토피아 사회주의자로 지칭한 이론가 세 명은 영국 웨일스 출신의 로버트 오언(Robert Owen, 1771~1858)과 프랑스의 샤를 푸리에(Charles Fourier, 1772~1837)와 앙리 생시몽(Henri Saint-Simon, 1760~1825)이었다. 그들은 유토피아 소설을 창작하지는 않았지만 자신들이 생각하는 이상 사회를 설명하는 글을 펴냈고, 몇몇 작가들은 오언과 푸리에의 견해를 바탕으로 유토피아 소설을 썼다.

6. 스코틀랜드 뉴라나크는 로버트 오언이 개혁가로서 중대한 첫걸음을 내디딘 곳이
다. 그는 뉴라나크 방적 공장의 경영자가 되고서 마을 사람들에게 적절한 주거,
교육, 의료, 식료품을 저렴한 가격에 제공했다. 당시의 공장 마을에서는 대개 그
런 것들을 기대하기 어려웠다. 그는 또 체벌을 금지하고 아동의 노동을 제한했다.
오언의 실험은 노동자의 만족도와 생산성이 동시에 향상됐다는 점에서 매우 성공
적이었다. 뉴라나크는 현재 유네스코 세계유산으로 지정되어 있다.

오언은 직접 영국과 미국에 계획 공동체를 설립했고, 그의 사
상에 기반해 다른 사람들이 시도한 공동체들도 영국과 미국,
아일랜드에 들어섰다. 오언은 공장 개혁에 관심이 많았고, 그
가 스코틀랜드 뉴라나크(New Lanark)에서 자신의 방적 공장
에 도입한 개혁은 매우 성공적이었다. 현재 뉴라나크는 유네
스코가 지정한 세계유산이다. 프랑스에서는 푸리에와 생시몽
의 제안을 바탕으로 한 공동체들이 생겨났고 나중에는 미국
에도 설립됐다.

키부츠

19세기 전체와 20세기 전반에 걸쳐 숱하게 많은 신앙 공동
체와 세속 공동체가 설립됐지만, 계획 공동체의 역사에서 다
음으로 중요했던 사건은 1920년, 최초의 키부츠(Kibbutz)〔기
본적으로 집단노동과 공동소유에 바탕을 둔 농업 공동체―옮긴이〕
인 드가니아(Degania)가 팔레스타인에 들어선 일이었다. 젊은
이들을 주축으로 많은 유대인이 팔레스타인으로 이주해 현재
의 이스라엘 지역 곳곳에 키부츠를 조직했다. 초기 키부츠들
은 주로 세속적이었지만, 모샤브(Moshav)라는 신앙 공동체들
도 설립됐다.

키부츠는 대체로 성공적이었지만, 세계화와 이스라엘 경제

의 난국이 중첩되자, 그들의 내적 경제 구조를 과감하게 수정할 수밖에 없었다. 대체로 어려운 시기를 잘 넘겼지만, 예전만큼 공동체적이거나 윤택하지는 않다.

키부츠 운동을 연구하는 역사가 헨리 니어(Henry Near)는 오늘날의 키부츠를 '포스트-유토피아적'이라 규정한다. 키부츠는 구성원들에게 완전히 새롭고 나은 삶을 펼쳐줄 것으로 기대됐기 때문에, 그 시작은 명백히 유토피아적이었다. 하지만 그 어떤 인물이나 사회형태도 시작 단계의 기대에 부응할 수 없기에, 사람들은 타인과 함께하는 일상의 실태와 본디 품었던 비전의 상실에 적응해야만 한다. 다수 구성원이 자신의 유토피아적 비전을 현실에 비추어 조정한다는 점에서, 키부츠 운동은 '포스트-유토피아적'이다. 어떤 이들은 꿈을 바꾸고, 어떤 이들은 꿈을 과거에 묻고, 어떤 이들은 그나마 현상황이 다른 대안들보다는 낫다고 결론짓고, 또 어떤 이들은 언제가 될지 모르는 미래로 유토피아를 유예한다.

전성기에 키부츠 운동은 이스라엘 정부로부터 강력한 심리적·재정적 지원을 받았고, 몇몇 다른 나라에서도 공동체 설립을 지원하고 활용하려는 시도들이 있었다. 미국은 1930년대 대공황기에 구호 및 이주 사업의 일환으로 100곳 정도에 공동체를 세웠다. 1970년대에 뉴질랜드는 '오후'(Ohu, '우정 어린 도움과 노동을 통해' 무언가를 성취함을 뜻하는 마오리어)라는 공동체 설립 사업을 발족했다. 하지만 그렇게 설립된 몇 안 되는 공동체들은 관료주의의 폐해로 인해 금세 활력을 잃었다.

디스토피아적 공동체

마오쩌둥(1893~1976) 체제에서 건설된 중국의 코뮌들은 공동체주의가 권위주의적으로 구현된 경우였고, 가입을 강요 당했던 많은 이들의 삶이 전보다 현저히 나빠졌다는 점에서, 그런 형태의 공동체가 디스토피아적일 수 있음을 보여준다. 또한 존스타운(Jonestown)〔짐 존스Jim Jones를 교주로 하는 미국의 신흥종교집단인 인민사원Peoples Temple이 남미 가이아나에 세운 공동체―옮긴이)과 태양신전교단(Ordre du Temple Solaire) 에서 발생한 집단 자살 사건들은, 이례적으로 강력하고 카리스마적인 지도자가 통제하는 공동체에 속한 사람들은 다른 환경에서라면 하지 않았을 (이를테면 자살 같은) 일을 저지르기도 한다는 사실을 보여준다. 계획 공동체에 대한 비난 중에는 거짓으로 판명된 것도 많지만, 공동체주의의 디스토피아적 측면을 인정하지 않을 수 없게 만드는 부당한 처사의 사례들은 충분하다.

'60년대' 공동체

소위 60년대는 전세계적으로 계획 공동체의 폭발적 성장이 일어난 시기다. 코뮌을 자칭한 (대체로 단명한) 도시 지역 공동체가 수천에 달했고, 다양한 유토피아적 비전에 따라 건설된 전원 지역 공동체가 수백에 달했다. 그런 공동체들이 유럽과 북미 전역에 생겨났다. 언론은 히피들이 자유연애를 즐기거나 성적으로 방종하다는(일부는 그랬고 일부는 그렇지 않았다) 인식 때문에 그들이 세운 코뮌들―전원 지역의 드롭시티(Drop City)와 호그팜(Hog Farm), 샌프란시스코 헤이트애슈버리 지역의 커리스타(Kerista) 등―에 비상한 관심을 보였다. 일부 도시 코뮌들은 수배된 반전 운동가들의 '안전 가옥'으로 기능했고, 그 때문에 모든 공동체가 위험한 과격분자들의 은신처인 것처럼 언론의 비난을 받기도 했다. 그러나 대부분의 공동체는 유럽이나 북미 어디에서든 그저 구성원들의 믿음에 따라서 더 바람직하고, 덜 물질적이고, 더 자유로운 삶을 실천하고자 했을 뿐이다. 그중 상당수가 40년 이상이 흐른 지금까지도 여전히 존재한다는 사실은, 그곳에서 어떤 이들은 자신들이 바라던 것을 찾았음을 시사한다.

또한 60년대에 많은 사람은 동양 종교, 특히 불교와 힌두교에 매료되었다. 그 결과, 불교 승려들이 서구 각국으로 옮겨가 가르침을 베풀고 사원을 세우기 시작했고, 힌두교 스승과 구

7. 드롭시티는 1960년대 중반 미국 콜로라도 남부에 설립되었다. 콜로라도와 캔자스의 미대생들이 건설한 이 계획 공동체는 히피 공동체 운동의 아이콘이 되었다. 돔 건축물로 유명하다.

루들도 유럽과 북미로 옮겨가 아쉬람을 세웠다.

그러나 이전 시대의 공동체와 가장 비슷했던 부류는, 동양 종교가 아닌 새로운 비전에 바탕을 둔 것들이었다. 행동주의 심리학자 B. F. 스키너의 유토피아 소설 『월든 투』에서 영감을 받아 설립된 공동체들처럼 말이다. 그중에서 가장 잘 알려진 버지니아의 트윈오크스(Twin Oaks) 공동체는 이미 오래전에 스키너주의 모델로부터 멀어졌지만, 최초의 스키너주의 공동체 중에서 아직 남아 있는 나머지 하나인 멕시코의 로스오르코네스(Los Horcones)는 여전히 공동체 제도를 활용해 행동의 교정과 개선을 도모한다는 초창기의 비전을 면면이 따르고 있다.

트윈오크스는 평등주의 공동체 연합(Federation of Egalitarian Communities)에 소속돼 있는데, 이 작은 연합체는 아래의 일곱 가지 기준을 두고 있다. 이 기준들은 현재 충족되고 있기보다는 지향이 담겨 있다는 점에서 목표에 가깝지만, 분명한 유토피아적 비전을 제시하고 있다. 연합에 속한 각 공동체는

1. 토지, 노동력, 소득 및 기타 자원을 공동 소유한다.
2. 구성원의 노동으로 얻은 산물을 거두어들이고 그러한 산물을 포함한 모든 재화를 필요에 따라 공평하게 분배함으로써 자신들의 필요를 충족시킬 책임을 진다.

3. 비폭력을 실천한다.

4. 구성원에게 동등한 참여 기회를 보장하는 합의, 직접투표, 이의제기/기각 등의 의사 결정 방법을 둔다.

5. 모든 사람의 평등을 위해 적극적으로 활동하며, 인종이나 계급, 신념, 종족, 나이, 성별, 성적 취향, 성 정체성에 근거한 차별을 허용하지 않는다.

6. 현재와 미래의 세대들을 위해 자연자원을 보존하고, 생태적 인식과 실천이 꾸준히 개선되도록 노력한다.

7. 집단적 의사소통과 참여를 위한 절차를 마련하고, 구성원들의 자기 계발을 돕는 환경을 제공한다.

또한 미국에는 1972년에 창간된 〈공동체: 협동문화 속의 생활Communities: Life in Cooperative Culture〉이라는 잡지를 중심으로 한 공동체 네트워크가 있다. 영국에는 1990년대 초부터 발간된 〈농부와 이상주의자Diggers and Dreamers〉라는 잡지를 중심으로 한 네트워크가 있다. 생태마을(eco-village) 네트워크는 전세계로 뻗어 있다.

오늘날의 계획 공동체

최근의 두 운동은 공동체주의와 직결돼 있거나 연관성이

있다. 생태마을 운동은 명백히 공동체주의의 한 부분이다. 세계 각지의 소규모 공동체들이 생태적으로 더욱 균형 잡힌 생활방식과 건축, 공동체 설계를 추구하고 있는데, 이중 미국 테네시의 더팜(The Farm) 같은 일부 공동체는 유사한 다른 공동체의 발전을 지원하기도 한다. 어떤 공동체나 구성원들은 합의 도출 필요성에서 비롯된 전문성을 활용하여 타 공동체 구성원이나 (공동체주의와 무관한) 외부인들에게 집단역학과 관련된 훈련을 제공한다.

덴마크에서 시작돼 서구 각국으로 퍼져나간 공동주거(co-housing) 운동은 계획 공동체와 연관성이 있다. 공동주거 공간에는 사유재산과 공유재산이 혼재한다. 대지와 공용시설은 거주민들이 (대개 주주로서) 공동으로 소유하며, 개별 주택은 사적으로 소유한다. 대체로 공동체적 상호작용을 강조하는 기풍을 지닌다. 일부 공동주거 집단은 스스로를 계획 공동체로 여기지만 다른 일부는 계획 공동체와의 관련성을 부인하는데, 이런 차이는 공동주거의 실제가 정확히 반영된 결과다. 각 집단의 재산 소유 방식은 같거나 적어도 유사하지만, 공동생활 정도는 현저히 다르기 때문이다. 한쪽 극단에서는 공동 모임, 공동 작업, 공동 식사 등이 규범이지만, 반대쪽 극단에서는 공동체적 상호작용이 최소화되어 법적 합의에 따라 요구되는 수준으로만 존재한다. 대부분의 집단은 양극단 사이 어딘가에 위치한다.

주거 협동조합(housing cooperative)은 대학생들이 모여 사는 단독 주택에서부터 대단위 주택 단지까지 그 범위가 넓은데, 이들 역시 계획 공동체에 속한다. 대규모 조합에서는 집단 활동이 거의 없을 수도 있지만, 소규모 조합은 흔히 도시 지역의 계획 공동체와 물리적으로 흡사하며 거의 동일한 방식으로 작동한다. 스페인의 몬드라곤(Mondragón) 같은 일부 생산자 협동조합도 대개 계획 공동체로 분류된다. 소속 노동자들에게 일자리만 제공하는 것이 아니라, 그들을 사업 운영에 참여시키고, 주거 등 일반 기업체에서는 찾아보기 힘든 혜택들을 제공하기 때문이다.

분명한 것은, 공동체 생활에 단 하나의 모델이 존재할 수는 없고, 다양한 계획 공동체들이 다양한 기능을 수행하고 있다는 사실이다. 예컨대, 포크 가수 피트 시거(Pete Seeger, 1918~(2014)), 작곡가 존 케이지(John Cage, 1912~1992), 무용가이자 안무가였던 머스 커닝햄(Merce Cunningham, 1919~2009)이 참여했던 블랙마운틴 대학(Black Mountain College)은 문화 정치적 중심지로 기능한 공동체였다.

벨기에에서는 정신 질환자들을 위한 공동체들이 수년간 운영됐고, 그런 치료 공동체들은 이제 흔하다. 미국에서는 매사추세츠의 굴드팜(Gould Farm) 공동체와 노스캐롤라이나의 쿠

퍼리스(CooperRiis) 공동체가 오랫동안 유사한 환경을 제공해
왔다. 세계적인 조직을 갖춘 캠프힐(Camphill) 공동체는 오스
트리아 교육자 루돌프 슈타이너(Rudolf Steiner, 1861~1925)의
철학을 바탕으로 하며, 학습 장애나 정신건강 문제가 있는 이
들과 그 밖에 특수한 보살핌이 필요한 이들에게 안전하고 지
지적인 환경을 제공하여 그들이 개인으로서 최대한 발전할
수 있도록 돕는다.

치료 공동체의 한 변이형에 해당하는 것이 가톨릭일꾼
(Catholic Worker) 공동체들이다. 이들은 알코올 중독자와 마
약 중독자를 비롯한 사회적 취약 계층이 스스로 삶을 개선하
도록 돕기 위해 설립됐다. 주요 도시의 취약 지역에 위치한 가
톨릭일꾼의 집도 있고, 신선한 공기 속에서 육체노동에 참여
함으로써 재활을 도모할 수 있는 전원 공동체도 여럿 있다. 이
보다 앞서, 구세군이 꽤 비슷한 형태의 공동체들을 19세기 말
과 20세기 전반에 설립했다. 그들은 도시와 전원 모두에 거주
지를 세웠고, 전원 공동체에서 성공적으로 회복한 이들이 완
전히 새로운 삶을 시작할 수 있도록 해외로의 거주지 확장도
기획했다.

성공인가 실패인가?

어떤 공동체가 성공했는지 실패했는지를 가르는 기준은 무엇일까? 한 가지 통상적인 답변은 지속성이다. 하버드 경영대학원의 어니스트 L. 아버클 특훈교수(Ernest L. Arbuckle Professor)인 로자베스 모스 캔터(Rosabeth Moss Kanter, 1943~)가 그녀의 책 『열의와 공동체Commitment and Community』(1972)에서 제시한 기준은 25년이었다. 그러나 공동체 구성원들은 보통 이 기준에 심각한 결함이 있다고 본다. 오늘날 이 25년 기준을 훌쩍 넘긴 공동체들은 많지만(그중에는 60년대에 설립된, 일반적으로는 이미 사라진 지 오래라고 인식되는 공동체들도 꽤 포함된다) 사람들에게 지속성은 대개 별 의미가 없다.

공동체가 유지된다는 것은 같은 구성원이 유지된다는 뜻이 아니다. 경우에 따라 다르지만, 공동체들은 대체로 상당수 구성원의 유출입을 겪는다. 캔터의 가정은 종교적 공동체와는 잘 맞아떨어진다. 신앙 공동체 중에는 몇 대에 걸쳐 지속된 것들이 있다. 신이나 신의 대리자가 공동체 안에 남으라고 명령한다면 남는 수밖에 없지 않겠는가. 지속성은 다른 요소들과 결합할 때 성공의 척도가 될 수 있지만, 그것 하나로는 무의미하다. 캔터 자신도 이 점을 인식했지만, 지금까지도 지속성이라는 단순한 기준을 적용하는 이들이 있다.

성공과 실패에 대해 미국의 진보적 사상가 헨리 데머레스

트 로이드(Henry Demarest Lloyd, 1847~1903)가 말한 기준은
이렇다.

> 언제나 실패였다고? 미국이라는 광대한 나라에서, 오직 이들 공
> 동체 안에서만 기아와 추위, 성매매, 무절제, 가난, 노예, 범죄,
> 급속한 노화와 불필요한 죽음, 공황과 산업 테러가 종식된 사회
> 적 삶이 목격됐다. 이런 성과가 단 1년 동안만 지속됐더라도 그
> 들은 충분히 이 대륙에서 유일하게 성공적인 '사회'였다고 불릴
> 만하거니와, 그들 중 일부는 몇 세대에 걸쳐 지속되고 있다. 이
> 모든 일이 천상의 성인들이 아니라 이 땅의 평범한 남녀들에 의
> 해 이루어졌다.

또다른 하나는 공동체 구성원들의 지지를 얻고 있는 기준
으로, 구성원들의 필요가 충족되는 한, 그들이 공동체 안에 머
무는 기간과 관계없이 그 공동체는 성공적이라는 것이다. 대
부분의 구성원들에게 공동체의 성공은, 그 공동체의 지속 기
간이 아니라 그들이 공동체의 일원인 동안 그들의 삶이 개선
되는지 여부와 정도에 달렸다. 물론 필요란 사람마다 다르게
마련이고 사람이 변하면 필요도 달라지기 때문에, 공동체의
내적 역동성도 시간의 흐름에 따라 변할 수밖에 없다.

유토피아적 실천의 최근 전개

최근의 유토피아적 실천 두 가지는(그중 하나는 계획 공동체와 연관이 있다) 유토피아니즘이 전통적 범주로부터 얼마나 멀어졌는지를 보여준다. 그 첫째는 특정 목적을 위한 활동의 공간이다. 하킴 베이(Hakim Bey, 본명 피터 램본 윌슨Peter Lamborn Wilson, 1945~)는 이것을 '한시적 자치구(Temporary Autonomous Zone, TAZ)'라 불렀고, 조지 매케이(George McKay, 1960~)는 '직접 행동 문화(Do it Yourself/DiY Culture)'라는 표현을 썼다. 두 사람은 주로 시위를 염두에 두었지만, 미시간에서 해마다 열리는 레즈비언 음악 캠프나 그 밖의 한시적 현장도 이 범주에 포함될 수 있다. 그런 공간들을 돌아보며 유토피아적이었다고 말할 수 있는 것은, 거기서 (아무리 잠깐이라도) 한시적으로나마 참여자들이 보기에 더 나은 삶이 창조되기 때문이며, 또한 그것들이 과거의 한시적 유토피아들—이를테면 사투르날리아, 카니발, 바보들의 축제, 일부 종교인들의 천막 부흥회, 그리고 60년대의 '사건들'—을 환기하기 때문이다. 그중 일부는 꽤 지속적인 공동체로 이어지기도 하는데, 일례로 영국 버크셔의 그리넘커먼(Greenham Common) 공군 기지에 여성들이 세운 평화 캠프는 1981년 9월부터 2000년까지 지속됐다.

유토피아의 언어는 이보다 더 한시적인 현상에도 적용되고 있다. 예를 들어, 영국의 예술집단 프리(Freee; e가 셋이다)는 공공장소에서 정치적 시위를 연출한다. 대체로 그저 어딘가로 나가 피켓 같은 것을 들고 몇 시간씩 서 있으면서 자신들 주변에 TAZ, 즉 한시적인 유토피아적 공간을 창조한다. 이때 예술은 그들과 상호 작용하는 사람들에 의해 창조된다. 유사한 활동을 하는 집단은 많지만, 프리는 자신들의 행위를 유토피아적인 것으로 인식한다.

공연도 이같은 현상의 한 양상이다. 음악, 춤, 연극, 일부 공공예술 등 모든 공연에는 공연자들 사이의 일과 관객 사이의 일, 이렇게 적어도 두 차원이 존재한다. 매우 드물게, 그 둘이 결합하여 진정한 유토피아적 순간이 탄생하는 경우도 있다. 조금 덜 근사하게 느껴지는 유토피아적 순간들은 더 자주 발생하는 편이다. 그보다 더 자주, 그러나 여전히 드물게, 공연자들은 한 번의 공연으로 자신들 사이에 유토피아적 공간을 창조한다. 이론가들은 공연과 유토피아의 연관성을 지적해왔다. 텍사스 대학의 연극학 교수인 질 돌런(Jill Dolan, 1957~)은 다음과 같이 썼다.

나는 연극과 공연이 공동의 미래를 또렷이 보여줄 수 있다고 믿는다. 더 정의롭고 공평한 미래, 우리 모두가 더욱 평등하게 참여할 수 있고, 온전한 삶을 누릴 기회와 문화의 형성에 기여할 기회가 더 많이 주어지는, 그런 미래 말이다.

우리는 곧잘 그런 순간들을 만난다. 그리고 비록 다음 공연
은 지난 공연의 수준에 미치지 못할 수도 있지만, 중요한 것은
그것이 가능하다는 사실과 그때의 느낌을 아는 것이다. 이는
잠재적으로 정치적 중요성을 띤다. 그 순간의 만족이 공연장
밖으로 새어나가 일상의 불만족을 일깨울 수 있기 때문이다.

불만은 유토피아니즘의 출발점이고, 궁극적으로 유토피아
니즘은 일상적 삶의 변화를 위한 것이다. 유토피아니즘은 삶
의 전체성, 즉 자녀, 가족, 결혼, 교육, 경제, 정치, 죽음, 그리고
그 밖의 모든 것들이 서로 연결되어 있다는 사실을 직시한다.
계획 공동체는 그 구성원들이 자발적으로 저 자신의 삶의 변
화를 실험한다는 점에서 특히 급진적이다. 계획 공동체의 모
든 구성원은 그런 변화를 나날이 감당해야 한다.

제 3 장

토착, 식민,
탈식민
유토피아니즘

식민지에는 두 종류가 있는데, 어느 쪽이건 식민지가 아니라 본국에 이익이 되도록 설계됐다. 그 한 종류는 주로 해당 지역의 노동력, 원재료, 부를 노린 착취 식민지였다. 다른 하나는 본국에서 잉여 인구를 덜어내거나 부적합자를 추방하기 위한 정착 식민지였다. 식민지가 유토피아니즘에서 중요한 것은 식민지 자체가 유토피아적 꿈을 대변했기 때문이고, 또한 전체적으로 볼 때 유토피아 문학과 계획 공동체가 그 발원지에서보다는 식민지에서 더 많이 창작되고 건설됐기 때문이다. 모든 식민지는 토착 인구에 영향을 끼쳤고, 그 영향에 대한 해석은 시간의 흐름에 따라, 그리고 해석자가 누구냐에 따라 달라졌다.

정착 식민지

정착 식민지로의 이주 과정에 대한 일반적인 해석은, 사람들이 가난과 질병, 그 밖의 지역적 사정에 떠밀려 어쩔 수 없이 고국을 떠나기도 했지만, 동시에 더 나은 삶에 대한 욕구나 정치적·종교적 신념을 실천할 수 있으리라는 희망에 이끌려 새로운 나라로 향하기도 했다는 것이다. 제임스 벨리치(James Belich, 1956~)는 『땅에 충만하기Replenishing the Earth』(2009)에서 이런 해석이 지나치게 단순하다는 사실을 보여주었다. 하지만 17세기 초부터 19세기 중반에 이르는 시기에, 자신의 고향을 떠나 (경우에 따라서는) 지구를 반 바퀴나 돌기도 했던 그 사람들이 고국에서보다 더 나은 삶의 터전을 찾을 수 있으리라는 희망을 품고 있었던 것은 엄연한 사실이다. 어떤 이들은 새로운 곳에서 더 나은 삶을 찾았지만, 그러지 못한 이들은 전과 매한가지거나 그보다 못한 상황을 견디며 새 나라에 남거나 다시 고국으로 돌아갔다. 그러나 그 많은 사람을 추동했던 더 나은 삶을 향한 꿈은 분명 유토피아적이었고, 정착 식민지는 유토피아의 꿈으로 지어진 곳이었다. 이는 이주민들이 부른 노래들에서도 분명히 드러난다—노래 속에서 그들이 향하는 곳은 곧잘 유토피아처럼 묘사됐다. 유토피아적 이미지가 생생한 아일랜드 노래, 〈영광되고 자유로운 미합중국The Glorious and Free United States of America〉을 예로 들어보자.

만약 네가 미국에서 일한다면

돈더미에서 뒹굴게 될 거야

거긴 십일조도 세금도 없고

너를 짓누르는 소작료도 없지

미국은 영광된 자유의 나라,

모두를 환영하는 곳

그러니 배를 타고 미국으로 떠나렴,

어서 빨리 서두르렴.

또한 본래 의도된 기능은 아니었으나, 정착/이주 식민지는 다양한 반체제자들이 자신의 생각을 시험해볼 공간을 제공해 주었는데, 특히 종교적 반체제자들의 계획 공동체가 많이 들어섰다. 뉴질랜드와 미국에서 유토피아니즘은 국가 정체성의 핵심이었다.

토착 유토피아니즘

그러나 이주민들의 꿈은 그 나라에 이미 살고 있던 토착민들의 바람과 충돌했고, 대개 그들의 현실을 디스토피아로 만들었다. 그렇게 식민화된 민족 중에는, 고도의 도시문명을 구가하던 아즈텍족, 잉카족, 마야인들과, 비(非)도시 문명을 일군 호주의 애버리지니(Aborigines), 뉴질랜드의 마오리족, 캐나다의 퍼스트네이션(First Nations)과 이누이트족, 그리고 캐나다와 미국의 아메리카 인디언들이 있었다. 이들은 모두 세계와 그 안의 존재들이 어떻게 생겨났는지를 설명하는 나름의 창조 설화를 갖고 있었다. 대체로 이들 설화 속에서 먼저 창조된 것들은 나중에 창조된 것들보다 우월했다. 설화는 또한 세상이 어쩌다 잘못되었는지를 설명했다.

정착 식민지는 빈번히 토착민을 몰살하고 그들의 문화를 조직적으로 파괴했기 때문에, 우리는 이주민의 꿈에 비해 토착민의 설화나 그들이 꿈꾼 좋은 삶에 관해 훨씬 더 무지하다. 그러나 더러는 그들의 꿈을 근대적으로 재창조하거나 낭만화한 형태가 존재한다. 게다가 최근의 연구 성과는 토착민의 설화에 관해 우리에게 더 많은 것들을 알려주기 시작했다. 탈식민시대로 접어든 이후, 억압당했으나 완전히 사라지지 않았던 문화들이 되살아나고, 옛이야기들이 다시 전해지고 있기 때문이다. 이름이 알려지지 않은 이 시대의 한 아메리카 인디언은 이렇게 썼다.

'옛 방식(Old Ways)'을 따른다는 것은, 신성하게 사는 것, 곧게 서는 것, 바로 걷는 것, 다른 부족의 형제자매와 다른 종을 존중하는 것이다. 그것은 산, 물, 바람, 하늘의 빛, 식물, 네발 달리고 여섯 발 달린 존재와 발이 없는 존재, 그리고 날개 달린 존재들을 알기 위해 우리 자신을 공기처럼, 하늘처럼 여기는 것이다. 그것은 신성하게 죽이는 것, 사랑과 슬픔, 분노, 기쁨을 신성하게 아는 것, 그리고 신성하게 죽는 것이다.

이 글은 과거를 낭만화하면서 명백히 유토피아적인 꿈을 서술하고 있다.

호주의 애버리지니, 캐나다의 퍼스트네이션, 뉴질랜드의 마오리족, 그리고 미국의 아메리카 인디언에게는 모두 유토피아의 전통이 있다. 그리고 식민주의에 맞선 그들의 투쟁은 강력한 유토피아적 요소를 지닌 밀레니엄 운동(millennial movement)〔그리스도교의 천년왕국설에서 비롯된 이름이지만, 부패한 현세계가 종말을 맞고 완전히 새로운 세계가 도래하리라는 믿음에 의거한 다양한 종교운동을 통칭한다. 종종 이 개념은 광범위하고 근본적인 체제변혁을 꿈꾸는 사회운동과 결합된다—옮긴이〕으로 이어졌다. 미국의 고스트댄스(Ghost Dance, '혼령의 춤') 운동이 한 예다. 그런 운동이 남미에서도 여남은 있었고, 뉴질랜드 마오리족 사이에서 일어난 몇몇은 라타나(Ratana) 교회의 경우처럼 지금도 계속되고 있다. 일부 마오리 집단은, 주류 사회로의 편입을 통해 얻을 수 있는 것보다도 더 나은 삶을 부족민들에게 제공해주리라는 믿음으로, 전통적 형태의 공동체주의를 부활시켰다.

그리하여 우리는 남미와 북미, 아프리카, 호주, 뉴질랜드의 정착 식민지에서 다음과 같은 공통된 전개를 확인할 수 있다. 유토피아적 정착지가 원주민의 살아 생동하는 문화를 그들의 고유한 설화 및 유토피아적 이미지들과 더불어 파괴한다→정착민의 꿈꾸기는 계속된다→식민주의가 종말을 맞는다→정착민의 후손과 원주민의 후손 모두에게 새로운 꿈꾸기가 시작된다→억압당했던 문화의 꿈이 재발견된다.

때로 압제자들은 자신이 파괴하는 문화에 유토피아적 색조를 입혔다. 이는 '고귀한 야만인(Noble Savage)' 전통과 연결되는데, 고대 그리스·로마 문필가들의 스키타이인에 대한 묘사 등에서 유사한 사례를 찾을 수 있기도 하지만, 남북미 원주민들과의 접촉 이후 가장 뚜렷했던 현상이다. 고귀한 야만인은 자연에 더 가깝고, 그래서 더 꾸밈없고 순수하며, 소위 문명인들보다 더 나은 존재로 여겨졌다. 이는 물론 지나치게 단순화된 이미지이지만, 어떤 이들은 거기에 어떤 진실이 감추어져 있다고 주장했다. 미국의 종교적 반체제자 로저 윌리엄스(Roger Williams, 1603~1683)는 한 인디언의 말을 이렇게 전했다. "우리는 옷을 입지 않고, 여러 신을 섬기지만, 우리 죄는 가볍다. 당신들이 야만인이고 미개한 이교도이며, 당신들의 땅이 황무지다."

하지만 토착민이 쓴 유토피아 문학은 대부분, 식민시대는 물론 현재에 이르기까지 정착민들이 그들을 어떻게 대해왔는지를 묘사하는 디스토피아다. 예를 들어, 미국 원주민 작가 레슬리 마먼 실코(Leslie Marmon Silko, 1948~)는 『모래언덕 정원Gardens in the Dunes』(1999)에서 아메리카 인디언의 전통적 삶이라는 유토피아와 미국의 정책이 초래한 디스토피아를 대조적으로 보여준다. 역시 미국 원주민 작가인 셔먼 알렉시(Sherman Alexie, 1966~)는 「농장The Farm」에서 아메리카 인디언들의 강제 수용소가 들어선 미래의 미국을 그린다.

비자발적 이주

때로 이주 과정은 자발적이지 않았다. 아프리카인들은 미국과 남미에 노예로 끌려갔고, 수형자들은 호주와 일부 프랑스 식민지로 이송됐다. 프랑스가 카리브해의 식민지로 보낸 노예는 각기 남미나 북미로 이송된 노예보다도 많았다. 많은 이들이 그대로 이주지에 머물렀지만, 여러 차례 노예 반란이 일어났고, 아이티에서는 1791~1804년 혁명으로 노예제가 폐지되었다.

노예로 낯선 땅에 끌려간 이들은 더 나은 삶을 향한 그들의 비전을 기록으로 남길 처지가 못 되었지만, 그렇다고 그들에게 비전이 없었던 것은 아니다. 그들은 노래를 부르고 이야기를 구전했으며, 그중 일부는 오늘날까지 남아 있다. 가장 잘 알려진 것은 미국 남부 노예들의 영가(spirituals)다. 일반적으로 영가에는 참혹한 이생 후에 보상으로 주어질 낙원의 이미지가 담겼다. 그보다 조금 덜 알려진 것으로는, 마찬가지로 남부 노예들 사이에 회자된 '멋진 좋은 곳' 이야기들이 있는데, 중세 코케인 설화나 대공황기 풍요의 이야기들과 일맥상통한다. 허리가 부러지도록 일하지 않아도 먹을 수 있는 음식, 권위자로부터의 해방, 그리고 휴식이 중심 주제다.

아일랜드계 디아스포라 중에도 대기근 때문에 비자발적으로 나라를 떠난 이들이 많았다. 기근은 북아일랜드의 상황(여전히 상당수 아일랜드인에게 고국은 식민지다)과 더불어 아일랜드를 특수한 사례로 만드는 요인 중 하나다. 기근으로 인해, 당시 아일랜드인들은 새로운 곳에서 실패하더라도 다른 이민자들처럼 고국으로 돌아가기가 사실상 불가능했다. 그들은 어떤 의미에서는 이민자보다 난민에 가까웠고, 여러 나라를 전전한 끝에 겨우 정착을 하거나 그전에 목숨을 잃는 경우가 많았다.

이스라엘/팔레스타인

이스라엘은, 그렇게 불리는 일은 거의 없지만, 엄연한 정착 식민지다. 초기 유대 전통의 유토피아적 요소로는 창세기의 에덴동산 이야기, 예언서들, (메시아의 임재를 묘사한 일부 묵시록적 경전 등) 그리스도교의 구약성서에 포함되지 않은 다양한 텍스트들, 그리고 쿰란의 은둔 신앙 공동체와 이집트에 있었던 비슷한 성격의 공동체, 테라페우타이(Therapeutae) 등이 있다. 그리고 12세기에 유대인 저술가 예후다 할레비(Yehudah HaLevi)가 쓴 『쿠자리: 논쟁과 증명의 책Kuzari: The Book of Argument and Proof』은, 같은 시기에 쓰인 두 권의 이슬람 소설 『하이 이븐 야크잔Hayy Ibn Yaqzan』 및 『카밀의 고찰The Treatise of Kamil』과 더불어, 고립된 섬에서 홀로 살아가는 인물―훗날 대니얼 디포의 『로빈슨 크루소』로 대중적 인기를 끌었던 바로 그 소재다―을 묘사하는 가장 오래된 저작 중 하나다.

많은 유대인은 그들이 그저 신께서 허락하신 자신들의 옛 땅으로 돌아왔을 뿐이라고 믿는다. (오늘날 이스라엘의 종교적 우파 사이에서 확산중인 유토피아니즘은 이러한 관점에 따라서 수 세대 동안 팔레스타인 사람들이 소유했던 집과 땅을 유대인들이 차지하는 행위를 정당화하고 있다.) 그러나 사실 유대인의 팔레스타인 재정착은, 뚜렷한 유토피아적 목표를 가지고 추진된 일련의 기획들과 함께 시작됐다―이를테면 테오도어 헤르츨

(Theodor Herzl, 1860~1904)은 『유대국가Der Judenstaat』(1896)
나 『오래된 새로운 나라Altneuland』(1901) 같은 글을 썼고, 1920
년에는 최초의 키부츠가 건립됐다〔정치적 시오니즘과 키부츠 운
동은 각각 민족주의와 사회주의에 바탕을 둔 세속적 유토피아 운동
이라고 할 수 있다―옮긴이〕. 키부츠 운동의 성공과 실패는 전
세계 계획 공동체에 영향을 끼쳤다. 20~21세기 유토피아니
즘에 가장 강력한 영향을 끼친 것이 바로 키부츠 운동이었다.

한편, 팔레스타인 사람들의 유토피아니즘에는 대체로 두 가
지 유형이 있다. 어떤 이들에게 그것은 그저 땅을 소유하려는
열망, 혹은 그들이 여러 해 동안 (심지어 경우에 따라서는 수백
년 동안) 소유했기에 당연히 자기들의 것이라 믿었던 그 땅을
되찾으려는 열망이다. 다른 이들에게 그것은 이슬람주의의 일
환이다. 나는 20세기 전반에 쓰인 팔레스타인 유토피아 작품
이 몇 편 있다는 말을 들어보았는데, 유럽과 북미의 도서관에
는 어디에도 없어 보인다.

독립

일부 정착 식민지는 (미국, 브라질, 라틴아메리카/남아메리카의
스페인 식민지들처럼) 완전한 독립을 선택했고, 일부는 (호주, 캐
나다, 뉴질랜드처럼) 강대국인 본국과의 관계를 유지하되 서서

히 거리를 두는 쪽을 택했다. 흥미로운 반전은, 정착 식민지에
서 일어난 토착민들의 독립운동이나 인정/권리운동 과정에서
도 정착민과 그들 본국의 언어—여기에는 유토피아적 언어
도 포함된다—가 운동의 무기로 활용됐다는 점이다. 다음과
같은 주장이 일반적이었다. "당신들이 믿는다고 말하는 그것
들을 정말로 당신들이 믿는다면, 우리를 계속 이런 식으로 대
할 수는 없다. 우리는 그저 당신들이 옳다고 말하는 것을 요구
할 뿐이다." 결과적으로, 탈식민시대에는 토착 유토피아와 더
불어 식민 유토피아도 일정한 역할을 했다.

미국

최초의 성공적 식민지 중 하나는, 경제적 요인이 정착민들
의 우선적 고려 대상이 아닌 곳이었다. 1620년에 지금의 매
사추세츠주 플리머스에 세워진 이 식민지에서 가장 우선시
된 것은 종교였다—정착민들은 자신의 신앙이 요구하는 삶
의 방식을 실천할 수 있기를 바랐다. 매사추세츠만 식민지의
초대 총독 존 윈스럽(John Winthrop, 1588~1649)은 청교도들
이 미국으로 건너온 것은 '언덕 위의 도시(city upon a hill)'〔본
래 성서에서 따온 표현으로, 이 맥락에서는 대개 세상에 모범이 되
는 청교도적 공동체로 해석된다—옮긴이〕를 짓기 위해서라 말하

기도 했다. 사실 윈스럽의 의도는 '모든 사람의 눈이 우리에게 향해 있다'며 주민들에게 실패를 경계하려는 것이었지만, 오늘날 그의 말은 초창기 미국의 유토피아니즘을 대변하는 것으로 읽힌다.

청교도들은 자기들의 종교적 신념을 실천할 자유를 얻었으나, 다른 사람들이 그들의 믿음을 실천할 자유를 용인하는 데까지 나아가지는 않았다. 펜실베이니아에 정착한 종교친우회(Religious Society of Friends) 혹은 퀘이커교도(Quakers)라 불린 이들은, 종교적인 이유로 지금의 미국에 정착한 이주민들 중에서 최초로 종교적 관용을 실천했다. 종교가 주된 동기였던 세번째 식민지는 로마 가톨릭 신자들이 정착한 메릴랜드였다.

사우스캐롤라이나와 조지아의 식민지 건설 과정에서는 (실행에 옮겨지지는 못했으나) 구체적인 유토피아적 계획들이 수립됐다. 사우스캐롤라이나에서는 초대 섀프츠베리 백작인 애슐리 경(Lord Ashley, 1621~1683)이 철학자이자 정치이론가인 존 로크(John Locke, 1632~1704)와 함께 '기본 헌법(Fundamental Constitution)'을 작성하고 미국의 신규 귀족층이 포함된 반(半)봉건 귀족사회를 제안했다. 조지아에서는 스코틀랜드 출신의 로버트 몽고메리 경(Sir Robert Montgomery, 1680~1731)이 아질리아(Azilia)라는 유토피아를 구상했고, 독일인 선교사 크리스티안 프리버(Christian Priber, 1697~1744)

는 지역 인디언들을 위한 유토피아적 공동체의 설립을 시도했다. 얼마 후 실제로 식민주 건설에 성공한 인물은 영국의 제임스 오글소프(James Oglethorpe, 1686~1785) 장군이었다. 그는 지주의 이윤뿐만 아니라 극빈자와 채무자의 새 삶을 위한 곳으로 조지아를 기획했다.

그 밖의 초창기 미국 식민지들은 대개 왕실로부터 신대륙 토지를 불하받은 지주들의 이윤을 위해 설계됐지만, 그들이 기획한 돈벌이의 한 방편이 바로 이주민들에게 더 나은 삶의 희망을 제시하는 것이었다. 일반적으로 그런 식민지들에서 이주민들은 수년에 걸친 혹독한 노동 끝에야 더 나은 삶을 누릴 수 있었다. 땅을 사거나 가게나 사업을 시작할 수 있을 만큼 돈이 모이는 데는 오랜 시간이 걸렸기 때문이다.

초기 미국 이민자 중 상당수는, 뱃삯을 대가로 몇 년간의 용역을 제공하기로 계약을 맺고 건너온, 소위 '계약 노예(indentured servants)'였다. 어떤 고용주들은 용역이 절대 끝나지 않도록 갖은 애를 썼고, 어떤 계약 노예들은 도망을 쳤지만(텅 빈 듯한 서부는 언제나 매혹적으로 보였다), 대체로 제도는 의도된 대로 굴러갔다. 계약 기간을 채운 사람들은 자기 자신을 위해 일하기 시작했고, 결국에는 땅을 사거나 가게나 사업을 차려 독립했다. 물론 실패한 이들도 있었지만, 더 나은 삶의 기회는 실재했다. 유사한 관행이 식민지 여러 곳에 존재했다. 가장 절박하게 그곳을 떠나고 싶어했던 이들에게 항해 비용은 턱없이 높은 부담이었기 때문이다.

물론 형편이 더 나은 사람들은 좀더 쉽게 자리를 잡을 수 있었다. 1759년 미국에 정착한 미셸 기욤 장 드 크레브쾨르(Michel Guillaume Jean de Crèvecœur, 1735~1813)는 존 헥터 세인트 존(John Hector St John)이라는 이름으로 시민권을 획득했고, 결혼 후에 농장을 사들여 경작하면서 자신의 경험을 글로 남기기 시작했다. 그가 1782년에 발간한 『미국 농부의 편지Letters from an American Farmer』(개정증보판 1784, 1787)는 유럽 독자들에게 미국을 거의 유토피아적으로 묘사해 보였다. 크레브쾨르의 편지는 개정판에서는 조금 덜 긍정적이었으나, 정착민들에 의한 그런 유토피아적인 묘사는 빈번했고, 대부분의 정착 식민지에서 이민자 모집에 도움이 되었다. 토지 중개인들이 가짜 편지나 묘사를 게재해 이민자를 유인하는 경우도 있었다.

정착 식민지의 초기 유토피아 작품들은 토지 분배나 정부 구조 등 현실적인 문제들을 자주 다루었다. 식민시대 말기, 미국의 식민지들이 영국으로부터 독립해 미합중국을 형성하는 과정에서 중요한 문서 세 건이 작성됐는데, 그중 둘은 미국과 그 외 지역의 유토피아 문학에 두루 영감을 주었다. 첫째는 자유와 평등을 주장하고 미국혁명을 정당화한 '독립선언문(Declaration of Independence)'이었다. 둘째인 '연합헌장 (Articles of Confederation)'은 이제 대중의 기억에서 거의 사라 졌고, 연방 정부의 힘을 제한하고 각 주에 대부분의 권한을 남 겨두었다는 점에서 일반적으로 실패한 헌법으로 치부된다. 하 지만 미국이 혁명전쟁에서 승리하고, 외교 관계를 수립하고, 영토를 확장한 것이 모두 이 연합헌장하에서였다. 셋째인 '미 국헌법(United States Constitution)'은 다른 많은 헌법에 본보기 가 되었다(대개 연합헌장을 무시한 채 이것을 최초의 헌법이라 부 른다). 미국헌법이 비준된 후 권리장전(Bill of Rights)으로 추가 된 10개의 수정조항은 미국에서 핵심적인 유토피아적 문건이 되었다. 정부의 구조 그리고 정부와 시민 양쪽의 권리 및 의무 가 모두 명문화되어야 한다는 개념은 현실 세계와 유토피아 의 여러 헌법이나 권리조항에 반영되었다.

캐나다, 호주, 뉴질랜드

캐나다에서는 영국인과 프랑스인의 관계가 초창기 유토피 아 문학에서 특히 중요했고, 여전히 프랑스어권 캐나다에서 는 중요한 문제로 남아 있다. 영어로 쓰인 초기 캐나다 유토피 아 소설, 『젊은 영주―나라 만들기The Young Seigneur; or, Nation-Making』(1888)는 영어와 프랑스어가 절반씩 섞인 윌프리드 샤

8. 독립선언문은 미국의 13개 식민지가 영국의 지배로부터 독립함을 선언했고, 국민에게 '양도할 수 없는 일정한 권리(certain unalienable rights)'가 있음을 주장했으며, 혁명의 권리를 역설했다.

토클레르(Wilfrid Châteauclair)라는 필명으로 발간됐고, 영국인과 프랑스인의 관계를 본격적으로 다루었다. 프랑스어로 쓰인 최초의 캐나다 유토피아 소설, 「나의 달나라 여행기Mon voyage à la lune」(1839)는 나폴레옹 오방(Napoléon Aubin)이라는 필명으로 발표됐고, 영어권 캐나다로부터의 독립에 초점을 두었다.

호주에서는 광활한 내륙 지역과 (잦은 불, 번갈아가며 반복되는 가뭄과 홍수 등으로) 대체로 척박한 자연환경을 어떻게 활용하느냐가 변함없는 관심사였고, 지금도 그렇다. 이런 배경에서 탄생한 「바보와 그의 유산The Fool and His Inheritance」(1911)은 아마도 세계 최초의 지구온난화 디스토피아일 것이다. 작가 제임스 에드먼드(James Edmond, 1859~1933)는 호주 시사지 〈불러틴The Bulletin〉의 오랜 편집자였다.

뉴질랜드의 유토피아 문학은 알렉산더 조이스(Alexander Joyce, 1840/1841~1927)의 『땅이다!! —1933년의 대화Land Ho!! A Conversation of 1933』(1881)가 예증하듯이, 토지 재분배 등 사회를 더욱 평등하게 만들기 위한 여러 방안을 가장 자주 다뤘다. 이와 더불어, 초기에는 뉴질랜드 자체를 유토피아로 묘사한 작품도 많았다. 예를 들어, 헨리 제이컵스(Henry Jacobs, 1824~1901)의 「에이번 강The Avon」(1854)과 크레이기리의 존 바(John Barr of Craigielee, 1809~1889)가 쓴 「오타고 같은 곳

은 아직 어디에도 없어라There's Nae Place Like Otago Yet」(1861)
같은 초기 시들은 각각 뉴질랜드의 캔터베리와 오타고 지역
을 이미 완성된 유토피아로 그렸으며, 이런 경향은 20세기 후
반까지도 이어졌다.

라틴아메리카와 남아메리카

라틴아메리카와 남아메리카의 정치적 문학은 초기에는 독
립에 초점을 두었고, (일부 예외가 있기는 했으나) 선명한 유토
피아 작품의 발달은 상대적으로 더뎠다. 유토피아 문학이 등
장했을 때 다룬 문제들은 여타 정착 식민지에서와 다르지 않
아, 빈부 격차 문제가 가장 흔했다. 시간이 흐르면서, (그런 문
제들은 거의 변하지 않았지만) 유토피아 문학의 수준은 그 양과
더불어 향상됐고, 20세기 후반이 되자 토착 민족들도 유토피
아를 창작하기 시작했다. 주로 그들에 대한 정착민들의 처사
를 문학적으로 재현한 디스토피아였다.

식민화 기간에 식민 지배자들과 토착 인구 사이에는 폭력
이 자주 오갔지만 관계 향상을 위한 노력은 존재했고, 그중 일
부는 모어의 『유토피아』를 직접적 모델로 삼았다. 그러한 기
획들에 대한 21세기의 평가가 당대의 주도자들이 믿었던 만
큼 긍정적일 수는 없겠지만, 그들의 시도는 온정주의적 유토

피아니즘의 발로였고, (실제로 구현된 제도들에서의 차이점에도 불구하고) 무어의 비전과 흡사한 면모를 보였다.

스페인 출신의 도미니크회 수사, 바르톨로메 데 라스카사스(Bartolomé de las Casas, 1484~1566)는 『서인도 제도 대책 청원서Remedios para las Indias』(1516)를 썼는데, 이 글은 모어에게 영향을 끼쳤을 가능성이 있다. 그는 또한 베네수엘라에 공동체를 세우고자 했다―스페인 농부들을 데려가 원주민들에게 최신 농업 기술을 가르치고, 원주민들을 노예로 부리던 관행에서 벗어나 정당한 임금을 지불할 계획이었다. 그의 의도는 인디오들을 개종시키고 문명화하며, 식민 지배자와 피지배자 사이의 관계를 개선하는 것이었다.

스페인의 평신도로서 멕시코 미초아칸의 초대 주교로 임명된 바스코 데 키로가(Vasco de Quiroga, 1470~1565)는 병원을 중심으로 한 마을공동체인 '오스피탈-푸에블로(hospital-pueblo)'를 1552년과 1553년에 각각 (멕시코시티 근처의) 산타페 데 멕시코와 (미초아칸 외곽의) 산타페 데 라 라구나에 건립했다. 이 공동체들은 모어의 『유토피아』에 대한 데 키로가의 해석에 바탕을 두었고, 인디오를 개종시키고 그들의 생활을 개선하는 것을 목표로 삼았다. 두 곳 모두 상당 기간 유지됐고 (미초아칸 외곽에 있던 곳이 더 오래갔다), 경제적으로나 종교적으로나 성공적이었다.

17~18세기에 예수회는 지역민들을 개종, 통제, 교육할 목적으로 '레둑시온(reducción)'이라는 공동체를 세웠다. 레둑시온은 아르헨티나, 볼리비아, 브라질, 파라과이에 들어섰고, 예수회가 이들 지역에서 철수할 때까지 공동체로서 존속했다.

남아프리카

남아프리카에서 유토피아 문학은 뒤늦게 발달했다. 초기 유토피아 문학은 주로 인종 문제를 다루었는데, 상당수가 인종 분리를 정당화하고 옹호했다. 그런 예로는 제임스 마셜(James Marshall)과 마거릿 스콧 마셜(Margaret Scott Marshall)이 영어로 쓴 『1960 (회고)1960 (A Retrospect)』(1912), 그리고 카럴 스쿠먼(Karel Schoeman)이 아프리칸스어로 쓴 『복된 땅을 향하여Na Die Geliefde Land』(1972)가 있다.

그러나 다른 작품들은 더욱 복합적인 그림을 제시했다. 네이딘 고디머(Nadine Gordimer, 1923~2014, 1991년 노벨문학상 수상)는 주로 가까운 미래를 배경으로 하여, 저무는 백인 지배체제와 다가올 변화 사이의 '권력 공백기(interregnum)'에 관한 소설을 몇 차례 썼다. 『줄라이의 사람들July's People』(1981)과 『자연의 변종A Sport of Nature』(1987)이 그런 예다. 이 소설들은 남아프리카의(때로는 아프리카의 다른 지역으로까지 확대된) 인종 문제를 총체적으로 기술하는 한편, 변화가 임박했고 (비록 변화의 방향에 문제의 소지가 있기는 해도) 당시의 디스토피아가 나아질 수 있음을 강조했다.

그 변화가 실제로 일어났을 때 맨 처음 맞닥뜨린 문제는 새로운 헌법의 필요성이었다. 남아프리카의 많은 사람들은 새 헌법이 정말로 유토피아적이라고 믿지만, 사실 그 시행은 그렇지 못했고, 심지어 그것을 디스토피아적이라 여기는 이들도 많다. 오늘날 다수의 남아프리카인은 흑인, 백인, 혼혈인을 막론하고 변화의 속도나 방향, 혹은 둘 다에 불만이 많고, 아파르트헤이트 폐지 이후에 나온 몇몇 작품들은 미래를 근심한다. 이들 대부분은 세계적 경향과 다르지 않게 디스토피아적이며, 일부는 남아프리카가 인종 분리로 퇴행한 미래를 그린다. 톰 바너드(Tom Barnard, 필명)의 『남아프리카 1994~2004 South Africa 1994-2004』(1991), 에드워드 루리(Edward Lurie)의 『영어 이름 제이컵Jacob with a 'C'』(1993), 그리고 피터 윌럼(Peter Wilhelm, 1943~)의 『자유의 가면The Mask of Freedom』(1994)이 그런 예다.

탈식민주의 유토피아니즘

과거와 같은 개념의 식민지는 이제 거의 남아 있지 않지만,

더 나은 삶을 찾는 이들의 이주는 여전히 진행중이다. 먼저 건너온 이민자의 후손들은 종종 오늘날의 이민자들을 '경제적 이민자'라 부르며 폄하하지만, 이는 역사적으로 이민에는 거의 언제나 경제적 요인이 작용했다는 사실을 (물론 비경제적 요소가 그에 못지않게, 혹은 더 중요하게 작용한 특수한 경우도 있었지만) 무시하는 처사다.

정착 식민지의 탈식민주의 유토피아니즘은, 주로 노동력과 자연자원의 수탈을 위해 설립되었던 착취 식민지에서와 사뭇 다르다. 원주민의 후손들이 정착민의 유토피아 전통을 이용해 변화의 필요성을 정당화하기도 했지만, 일부 국가에서는 정착민의 후손들이 (유토피아적인 것들을 비롯한) 원주민의 여러 설화를 배워 자신들의 새로운 유토피아 문학에 편입시키기 시작했다. 착취 식민지 역시 식민 강대국의 정치적 전통을 활용해 독립을 정당화했는데, 이후 발달한 그들의 유토피아 문학은 (다음 장에서 살펴보겠지만) 지역적 문제들, 특히 독립과 함께 찾아온 문제들을 직접적 소재로 삼았다.

유토피아적 실험

정착 식민지는 유토피아적 실험의 공간이 되었다. 이미 1659년에 미국의 식민지들에는 계획 공동체가 들어서 있었다. 그중 최초는 네덜란드인 피터르 플록호이(Pieter Plockhoy, 1629?~1700?)가 델라웨어에 세운 공동체로, 종교의 자유를 실천했다. 그 외 대부분의 초창기 계획 공동체는 펜실베이니아에 있는 에프라타(Ephrata) 공동체처럼 독일인들이 세운 신앙 공동체였고, 내부적으로 종교의 자유를 허용하지 않았다.

멕시코는 1917년 헌법에서 아즈텍 시대로까지 거슬러올라가는 멕시코인들의 전통적 토지 공동경작 제도인 에히도스(ejidos)를 복원하겠다고 선언했다. 농부들은 정부 소유의 땅을 공동으로 경작했고, 1930년대 개혁 이후로는 실사용을 조건으로 영구적인 토지 사용권을 보장받았으며, 그 권리를 자녀들에게 물려줄 수도 있었다. 헌법이 보장한 이 권리는 1990년대에 폐지됐지만, 일부 에히도스는 여전히 남아 있다.

남미에는 계획 공동체가 많지 않았지만, 브라질과 칠레, 콜롬비아, 에콰도르, 파라과이에는 그런 공동체가 존재했거나 지금도 존재하고 있다. 칠레의 콜로니아 디그니다드(Colonia Dignidad)는 1961년에 설립된 디스토피아적 공동체였다. 이 공동체의 지도자는 아동 성범죄로 수감됐고, 아우구스토 피노체트(Augusto Pinochet, 1915~2006) 장군의 군사정권이 반체제 인사들을 고문하도록 공동체의 시설을 내주었던 것으로 추정된다.

파라과이에는 다른 나라에서 정착을 위해 옮겨온 공동체들이 많았다. 19세기 말에는 순수 아리아인 혈통의 공동체를 지향하는 누에바 게르마니아(Nueva Germania)가 설립됐는데, 여전히 그 지역에 후손들이 남아 있다. 비슷한 시기에 호주의 노동지도자 윌리엄 레인(William Lane, 1861~1917)과 그 추종자들은 뉴오스트레일리아(New Australia)와 코스메(Cosme)라는 공동체를 파라과이에 세웠다. 두 곳은 오래가지 않았고, 레인을 비롯한 많은 이들은 호주로 돌아갔지만, 여전히 그 지역에 후손들이 살고 있다. 1920년대에는 유럽과 북아메리카에서 건너온 메노나이트교도들(Mennonites)〔급진종교개혁에서 파생된 프로테스탄트 교파 중 하나—옮긴이〕이 정착했고, 그들의 공동체는 지금도 남아 있다.

호주는 전원도시운동(garden city movement)의 중심지가 되었다. 이 운동은 영국인 에버니저 하워드(Ebenezer Howard, 1850~1928)의 저서,『내일을 향해: 진정한 개혁으로 가는 평화로운 길To-Morrow: A Peaceful Path to Real Reform』(1898)—개정판인『내일의 전원도시Garden Cities of To-Morrow』(1902)가 더 잘 알려져 있다—에서 출발했다. 전원도시는 여러 나라로 확산되었고, 영국의 레치워스(Letchworth)와 웰윈(Welwyn), 미국 뉴저지의 래드번(Radburn)이 대표적이지만, 그동안 전원도시가 가장 많이 세워진 나라는 호주일 것이다. 호주는 이스라엘 다음으로 일인당 계획 공동체 수가 가장 많은 곳이기도 하다.

뉴질랜드의 계획 공동체 전통 역시 매우 강력하다.

　공동체의 형태는 굉장히 다양하다. 뉴질랜드의 글로리아베일(Gloriavale)처럼 매우 폐쇄적인 신앙 공동체가 있는가 하면, 미국의 트윈오크스처럼 신규 가입이나 외부인의 방문에 개방적인 세속 공동체도 있다. 공동체의 규모도 다양해서, 구성원의 수가 여남은 명이 채 안 되는 곳도 있고, 수백 명에 이르는 곳도 있다. 어떤 공동체는 그 계보가 수백 년 전까지 거슬러올라가고, 어떤 곳은 100년 가까이 한자리를 지켜왔으며, 불과 지난주에 생긴 곳도 있고, 아직 설립을 준비중인 곳도 많다.

제 4 장

비(非)서구권
전통의
유토피아니즘

북쪽 섬의 사람들에게는 "……농사도, 다른 기술이나 직업도 필요가 없다. 그 복된 섬에는 파데사(Padesà)라는 나무가 자라는데, 이 나무에는 과일이 아니라 다채로운 빛깔의 귀한 옷이 열리고, 섬사람들은 그중 가장 마음에 드는 것을 골라 입는다. 마찬가지로, 그들은 땅을 갈거나 씨를 뿌리거나 열매를 거둘 필요가 없고, 물고기를 잡거나 사냥을 할 필요도 없다. 바로 그 나무에서 왕겨가 전혀 없는 훌륭한 품종의 쌀이 절로 열리기 때문이다. 영양을 취하고 싶을 때마다 그 쌀을 커다란 돌 위에 올려놓기만 하면, 곧바로 불꽃이 솟아나 조리를 한 다음 저절로 꺼진다. 밥을 먹는 동안에는 이미 조리된 다양하고 진귀한 고기 요리가 다른 나무들의 잎사귀에 돋아나, 저마다 내키는 대로 뜯어 먹는다.

식사가 끝나면 남은 음식은 곧장 사라진다".

—산제르마노(Sangermano) 수사가 인용한 버마 불교 경전

백성이 적은 작은 나라를 생각해보자. 이 나라에 사람의 수고를 열 번이고 백 번이고 거듭 줄여주는 장치들이 있다 해도, 현자는 백성들이 그것들을 쓰지 않도록 만들 수 있을 것이다. 그는 백성들로 하여금 나라를 떠나느니 나라를 위해 두 번이라도 목숨을 내걸도록 만들 수 있을 것이다. 여전히 배와 수레가 있더라도 아무도 타지 않을 것이며, 여전히 병기(兵器)가 있겠지만 누구도 훈련하지 않을 것이다. 그는 "백성들이 (글을 쓰는 대신) 전처럼 매듭지은 끈으로 소통하고, 그들의 음식에 만족하고, 그들의 옷을 기뻐하고, 그들의 집에 흡족해하고, 그들의 일과 풍속을 기꺼워하도록 만들 수 있을 것이다. 국경 너머 가까운 나라에서 수탉 우는 소리와 개 짖는 소리가 들려오더라도, 백성들은 늙어 죽도록 굳이 한 번이라도 가보려 하지 않을 것이다".

—조지프 니덤(Joseph Needham)이 인용한 『도덕경』

『근대의 유토피아와 반유토피아Utopia and Anti-Utopia in Modern Times』(1987)의 저자 크리샨 쿠마르(Krishan Kumar)는, 유토피아는 그리스도교에서 기원한 서구적 현상이며 비서구권에서 서구 유토피아와의 접촉 없이 생겨난 유토피아의 전

통은 없다고 주장한다. 이와 달리, 일반적으로 오늘날의 학자들은 그런 전통이 대부분의 비서구권 문화에도 존재했다고 본다. 그들은 중국의 불교, 유교 및 도교, 인도의 불교와 힌두교, 중동의 이슬람, 동남아시아의 불교, 그리고 일본의 불교 및 신도 문화에 전해져 내려오는 유토피아의 전통에 주목한다.

토머스 모어로부터 하나의 문학 장르가 비롯되기는 했으나, 모어의 『유토피아』 이전에도 이미 서구와 비서구권 모두에서 무수히 많은 텍스트가 당대의 사회보다 현저히 더 나은, 어떤 존재하지 않는 사회를 묘사했다. 모어보다 시기적으로 앞서는 유토피아적 전통들이 서구권 바깥에도 분명히 존재했다는 말이다. 서구 유토피아니즘과의 접촉 이후에는, 앞서 언급한 모든 지역에서, 그리고 아프리카 문화권에서도 모어의 모델에 바탕을 둔 유토피아를 창작하기 시작했다. 하지만 그들은 모어의 모델을 자신들의 구체적인 상황에 맞게 변용했다. 결과적으로 그들의 유토피아는 그들의 문제를 다루며, 1516년 이후에 서구에서 발달한 유토피아와 그 형식 및 내용 면에서 상당히 다른 경우가 많다.

이 장 첫머리의 인용문에서 나타나듯이, 중요한 문화적 차이에도 불구하고 설화들 간에는 유사성이 있다. 대부분의 비서구권 문화에서 공통으로 발견되고 서구에도 상응하는 사례들이 존재하는 두 가지 형태의 유토피아가 있다―하나는 과거에 실재했던 어떤 이상적인 사회고, 다른 하나는 일종의 낙원이다. 특히, 유토피아적인 과거의 한 시절이라는 이미지는 거의 모든 문화권의 유토피아니즘에 공통적이고도 핵심적이다. (미얀마가 되기 전) 버마의 헌법과 법률에는, 과거에 실재했(다고 믿었)던 유토피아와 근대의 법체계를 명시적으로 연결하는 전문(前文)이 들어 있었다. 유토피아적 과거가 20세기 후반까지도 삶의 잣대로 남아 있었던 셈이다.

그리스도교의 유토피아적 과거인 에덴동산과 비교해볼 때, 비서구 문화권의 설화들에서 가장 두드러지는 차이점은 타락의 부재다. 유토피아적 과거가 종말을 맞은 이유에 대해서는 언제나 어떤 설명이 있지만, 타락이 상징하는 만큼의 완전한 단절은 유례가 없다. 그러므로 그들에게 유토피아니즘은 이단이 아니다(유토피아니즘을 이단으로 보는 그리스도교의 관점에 대해서는 제5장에 더 상세한 설명이 이어진다—옮긴이). 비서구 문화권의 설화들은 그리스의 황금시대 설화와도 차이를 보인다. 그리스 설화에서는 유토피아적이지 않은 현재에 이르기까지 몇 차례의 다른 창조들이 있었지만, 그들에게는 다른 창조들도, 완전한 단절도 없었다. 따라서 비서구 문화권에서 유토피아적 과거는 완전히 사라진 것이 아니라 미래를 위한 모델로 활용될 수 있는 것이다. 이 사실은 특히 중국에서 유의미하다. 중국인들 사이에는, 유교와 도교의 유토피아가 모두 한때는 실재했고 따라서 그 근본 원리들을 제대로 이해하고 실천한다면 유토피아가 다시 도래할 것이라는 믿음이 있다.

중국

중국의 유토피아니즘은 비서구권 전통 중에서 가장 잘 알려져 있다. 그 토대는 유교, 도교 및 불교, 그리고 후대의 신유학과 (그보다 더 민중친화적이던) 다양한 반체제 집단에 있다. 중국의 유토피아 문학은, 그 시작은 더 일렀지만 19~20세기에 이르러 대중화됐고, 디스토피아 문학은 20세기에 발달했다. 마오쩌둥의 공산주의에도, 비록 그의 정책이 많은 이들을 디스토피아로 몰아넣긴 했으나, 강력한 유토피아적 요소가 있었다.

초기 유교, 도교, 불교의 유토피아니즘에는 다소간의 차이점이 있었다. 특히, 흔히 '태평(太平)'이라 불리는 도교의 유토피아는 본래 모든 형태의 정부에 반대했기 때문에 무정부주의적이라 불릴 만했다는 점에서 두드러졌다—오늘날 도교는 곧잘 무정부주의적이라 불린다. 세 전통 모두 사람들이 자연과 조화를 이루어 소박하게 살며 통치체제가 불필요했던 과거의 한 시절을 돌아보지만, 이 유토피아는 점차 현명한 군자(이들은 남자다)가 다른 이들을 인도해야 할 필요성에 초점을 두기 시작했다. 특히 유교 신봉자들은 언제나 이 시기를 당대에 복원해야 할 이상으로서 동경했다. 유교적 유토피아의 한 요소는 자기 수양의 중시였고, 자기 수양과 군자에 대한 관심과 강조는 중국에서 교육이 사회적 지위 상승의 주된 수단으로 기능하게 한 밑바탕이었다(비록 나중에는 현명함보다 과거급제가 더 중시되었지만 말이다).

초기 유토피아니즘에 바탕을 둔 제안 중에는 토지 균등 분배제인 정전제(井田制)도 있었다. 정전제는 과거에 실재했던 제도이자 다시금 시행될 수 있는 방안으로서 제시되었다. 취지는 모든 사람이 제 몫의 땅을 갖게 함으로써 누구나 스스로 자신을 부양할 수 있게 하자는 것이었다. 아마도 정전제가 과거에 실재하지는 않았을 것이다. 하지만 서력기원 전후에는 충분히 실행 가능한 방안으로 제시되었다.

『시경詩經』은 중국 문학의 가장 오랜 기록물이다. 이 『시경』에 실린 보통 「큰 쥐碩鼠」라 불리는 한 편의 시에는, 백성들이 현재 사는 곳보다 더 나은 곳을 발견하리라는 내용이 담겨 있다. 그러나 중국에서 가장 고전적인 유토피아로 손꼽히는 작품은 도연명(365~427)의 「도화원기」다. 어느 날 한 어부가 낯선 강을 거슬러오르다가 양편 기슭으로 활짝 꽃을 피운 복숭아밭을 발견했다. 그 아름다움에 취해 어부는 계속 강을 따라 올라갔고, 결국 그 강이 발원한 작은 동굴에 다다랐다. 그는

9. 공자가 어린 고타마 붓다를 『도덕경道德經』의 저자인 노자에게 안기고 있다. 고대
중국을 지배한 세 가지 사상의 시조들이 함께 묘사된 그림이다.

동굴로 들어간 다음, 그 안의 비좁은 구멍을 통해 확 트인 평지로 나갔다. 그 땅에는 소박한 집, 실한 밭, 연못 등이 점점이 펼쳐져 있었다. 마을 사람들을 살펴보니 분명 모두 행복해 보였다. 사람들은 그를 집으로 데려가 음식을 대접하고, 자기들은 일찍이 진(秦)나라 때, 그러니까 이야기의 배경이 된 시기보다 600년쯤 전에, 환란을 피해 고향을 떠난 사람들의 후손이며, 조상이 그 외딴곳에 정착한 후로 내내 세상과 단절된 채로 살아왔다고 일러주었다. 며칠 후, 어부는 그만 떠나야겠다고 마음을 먹었다. 그는 바깥사람들에게는 그곳에 대해 발설하지 말라는 당부를 들었지만, 고향에 도착한 후 관아에 사실을 알렸다. 하지만 누구도 그곳을 다시 찾지 못했다.

이 이야기는 후대 중국 문학에 영향을 주었고, 일본에서도 재창작되었다('도화원'을 뜻하는 일본어는 샹그릴라와 동의어가 되었다). 중국에서 8세기에 쓰인 『광이기廣異記』도 비슷한 구성을 활용해 도교의 선인 선녀가 사는 곳을 방문한 이야기를 기술했다—그들은 만리장성 건설의 노역을 피해 외딴 골짜기에 숨어들어 유토피아 사회를 건설하고 그곳에서 불멸의 존재가 된 사람들이었다.

중국의 유토피아 소설은 18세기에 발달했고, 가장 유명한 작품은 이여진(李汝珍, 1760?~1830?)의 『경화연鏡花緣』(1828)이다. 이 책은 주인공이 예의를 아는 군자국, 거구들의 나라대인국 등 여러 나라를 방문한다는 점에서 『걸리버 여행기』와 유사하다. 가장 큰 관심을 받은 곳은 여성들의 나라인 '여아국(女兒國)'으로, 이곳에서 여성은 모든 권력을 장악하고 다른 나라에서 남성들이 받는 것과 똑같은 교육을 받았다. 여아국은 여성의 권리에 대한 선구적인 선언으로 여겨지지만, 중국에서 본격적으로 페미니스트 유토피아가 등장한 것은 20세기부터였다.

19세기와 20세기 초의 중국 유토피아 작품들은 서양 기술 수용의 이점을 부각하면서 동시에 그러한 기술의 충격을 완화하는 장치로서 전통적 윤리를 고수하는 경향을 보였다. 20세기에는 서양 기술을 배척하는 디스토피아 작품들이 발달했다. 사회철학자 캉유웨이(康有爲, 1858~1927)는 서양 기술에 수용적인 유토피아적 저서들을 집필했고, 확장된 평등에 바탕을 둔 민주적인 세계국가를 그렸다. 그는 (일반적인 입법 활동과 더불어) 만국 공통어의 개발과 전세계 군대의 점진적 축소를 관장할 세계의회를 구상했고, 자본주의는 모든 사유 재산과 더불어 폐기되리라고 전망했다. 또 여성의 지위가 변화되어야 함을 강조하면서, 그에 필요한 여러 조치 중 하나로서 남녀 간의 종신 결혼제 폐지와 한시 계약제 도입을 주장했다.

20세기의 몇몇 사상가는 미래의 중국을 위한 이상적인 헌법안을 제시했다. 량치차오(梁啓超, 1873~1929)의 『신중국미

래기新中國未來記』(1902), 천톈화(陳天華)의 『사자후獅子吼』(1905~
1906), 그리고 익명으로 발간된 『헌법의 영혼憲之魂』(1907)이 그
런 예다. 같은 세기의 마오쩌둥 역시 자신의 비전에 맞추어 중
국 사회를 변혁하려는 명백히 유토피아적인 열망을 품었다.
마오의 공산주의는 마르크스주의뿐만 아니라 유교에도 뿌리
를 두었다.

인도

전통적인 인도 종교의 기본 경전들은 과거에 있었던 황금
기를 묘사하고 이후 인간의 행동이 서서히 변질되고 타락하
면서 사회적 불화가 일고 통치체제의 필요성이 대두되는 과
정을 보여준다. 평화롭고 풍요로웠던 과거에 대한 묘사들은 (끝
없이 열매 맺는 작물 등) 공상적인 요소들에도 불구하고 여전히
오늘날의 정치·종교·사회 운동에 밑바탕을 제공하고 있다.

19세기 말과 20세기 초에 두 인도 작가가 유토피아 작품
을 내놓았는데, 하라 프라사드 샤스트리(Hara Prasad Shastri,
1853~1931)는 남성 힌두교도였고, 로케야 사카와트 호사인
(Rokeya Sakhawat Hossain, 1880~1932)은 여성 무슬림이었다.
샤스트리의 『발미키의 승리Valmikir Jaya/The Triumph of Valmiki』
는 1870년대 말이나 1880년대 초에(영역본은 1909년에) 출판

된 것으로 추정되며, 힌두교의 지상낙원을 현대적 유토피아로 재현한 글이다. 호사인의 「술타나의 꿈Sultana's Dream」(1905) 과 『파드마라그Padmarag』(1924)는 각각 영어와 벵골어로 쓰여 출간됐는데, 모두 페미니스트 유토피아 작품이다. 「술타나의 꿈」은 '레이디랜드'라는 여성들의 나라를 묘사했고, 『파드마라그』는 당시 인도 여성들이 처한 참혹한 상황에 집중했다. 『파드마라그』에 묘사된 여성 공동체에는 소녀들을 위한 학교, 학대당한 여성들의 쉼터, 여성 환자를 위한 병원이 있었다. 호사인이 실제로 1910년에 설립한 여학교는 지금도 운영중이다.

모한다스 K. 간디(Mohandas K. Gandhi, 1869~1948)는 유토피안이었고, 자신의 구상을 효과적으로 전달하기 위해 힌두교의 라마라자(Ramaraja, 라마의 통치기, 황금시대) 개념을 이용했다. 간디는 그가 해석한 고대 인도문명의 구조를 기반으로 삼아 근대 인도에 유토피아를 실현하고자 했다.

간디는 인도의 과거와 미래에 대한 자신의 비전을, 물질주의적이고 경쟁적인 서구사회에서 그가 목격한 디스토피아(그것이 자본주의적이건 사회주의적이건)와 대비했다. 그가 보기에 유토피아의 근간은 반드시 정신성에 있어야 했기 때문이다. 간디가 추구한 유토피아는 소규모 공동체들로 구성되었고, 각 공동체 안에서는 인도 사회의 주요 계급집단(바르나varna)들이 서로 협동하며 저마다 소임을 수행했다. 각 공동체의 운영은 전체 주민을 대표하는 원로들의 회의체인 판차야트(panchayat)가 맡도록 했다. 간디가 구상한 이런 협동적 사회 구조에서 가장 혁신적인 조치는, '불가촉천민' 달리트(dalit)를 포용하고 그들에게 의회 의석을 보장하도록 헌법으로 명시한 것이었다. 간디는 모든 사람이 그들에게 필요한 물품을 공동 생산하는 단순한 삶을 제안했고, 그 스스로 직접 옷을 지어 입은 것으로 잘 알려져 있다.

간디의 유토피아는 몇 가지 기본 원리를 따랐다. 첫째는 스와라지(swaraj), 즉 개인적·국가적 차원의 자치인데, 시민 개개인이 자기를 스스로 다스릴 수 있을 때 국가도 그만큼의 스와라지를 이룰 수 있다는 원리다. 둘째는 아힘사(ahimsa), 즉 생명 존중의 원리다. 셋째 원리인 사티아그라하(satyagraha)는 '진리의 힘'으로 번역할 수 있는데, 간디가 내세운 것은 확고한 비폭력의 실천이었다. 넷째는 신탁사회주의(trusteeship socialism)〔부자는 빈자의 재산을 신탁받은 자로서 사회 전체를 위해 그 재산을 잘 관리해야 한다는 사상—옮긴이〕, 혹은 계급투쟁 없는 사회주의였는데, 이 점에서 간디는 세네갈의 레오폴 세다르 상고르(Leopold Sedar Senghor, 1906~2001), 탄자니아의 줄리어스 K. 니에레레(Julius K. Nyerere, 1922~1999), 버마의 우누(U Nu, 1907~1995) 같은 사회주의 이론가들의 선구였다. 인도식 사회주의는 간디의 제자 비노바 바베(Vinoba Bhave,

1895~1982)에 의해 체계화되었다.

오늘날 인도에서는 정치권력의 핵심과 결탁한 유토피아 운동이 벌어지고 있다. 힌두트바(Hindutva) 운동은 인도의 종교적 다원성을 말살하여 순수 힌두교 국가를 설립(그들의 표현을 따르면 재건)하고자 한다. 힌두트바 운동은 무슬림과 그리스도교인을 상대로 물리적 폭력을 행사하며 법적·정치적 영향력을 동원한다.

일본

일본에 고유한 유토피아니즘이 존재하는지에 대해서는 견해차가 크다. 일본 설화에 유토피아가 등장하는지 여부를 두고도 의견이 나뉘고, 만약 등장한다면 그 유토피아들이 중국에서 차용되었는지 아니면 자생적이었는지를 두고도 의견이 갈린다. 일본의 유토피아가 철저하게 모방적인지 아니면 대단히 독창적인지에 대한 논쟁은 지금까지도 계속되고 있다.

이 문제에 대한 해답은, 흔히 그렇듯이, 양극단 사이에 있다. 일본에는 강력한 유토피아의 전통이 존재하며, 부분적으로는 중국과 (이후) 구미에서 강한 영향을 받았지만, 그 경우 대체로 일본의 사정을 참작하여 과감한 수정이 이루어졌다. 예를 들어, 토머스 모어의 『유토피아』가 맨 처음 『좋은 정부

이야기良政府談』(1892)로 일역되었을 때, 그것은 사실상 번역서가 아니라 번안물이었고, 일본인들의 사회 변혁을 촉진할 의도를 담고 있었다.

유토피아를 일본어로 리소쿄(理想鄕)라 하는데, 이 단어는 더 오래된 말인 도코요(常世), 즉 '영원한 세상'에서 파생됐다. 이미 8세기부터 도코요는 중국/일본 전통에서 유토피아로 등장하는 도교 선인들의 세계를 묘사하는 말이었고, 도코요노쿠니(常世の國)는 신토(神道)〔자연숭배에서 발전한 일본의 토착 신앙—옮긴이〕 우주의 다섯째 영역이자 바다 건너 먼 곳에 있는 유토피아적 공간을 가리켰다. 또한 일본에도 미래에 되살려야 할 유토피아를 찾아 과거를 돌아보는 전통이 존재한다.

일본은 도교뿐만 아니라 불교의 영향도 깊이 받았지만, 두 사상 모두 일본에서 변형을 거쳤다. 일본은 도교의 일부 요소를 신토에 흡수했고, 특유의 일본 선불교를 발달시켰다. 후에 서구에서는 일본 선불교의 위상이 높아져, 가장 수준 높은 형태의 불교로 인식되기에 이르렀다. 선의 정신은 서구에서 흔히 석정(石庭)의 엄정한 간결미로 대표된다. 터프츠 대학에서 일문학을 연구하는 수전 J. 네이피어(Susan J. Napier)는, 일본 고유의 미학적 유토피아라는 것이 존재하고 『겐지 이야기』(11세기) 같은 일본 문학의 고전에서도 그 예를 찾아볼 수 있다고 주장했다. 일부 학자들은 일본의 풍속화 우키요에(浮世繪)를

10. 일본의 선(禪) 정원은 주로 암석과 모래로 구성된다는 점에서 여타 정원들과 다르다. 이러한 석정은 일본 특유의 예술적 형식을 반영하며, 정원 관리와 갈퀴질은 수도승들의 명상과 집중에 도움을 준다.

순간적 쾌락과 덧없는 아름다움을 묘사한 일종의 미학적 유
토피아로 볼 수 있다고 주장했다.

일본에는 더욱 전통적인 불교 종파도 존재하는데, 이들에게
는 불교의 낙원인 정토(淨土)가 있다. 어떤 정토는 매우 복잡
하게 발달한 도시의 형태를 띤다. 일부 종파는 인도나 중국의
일부 종파와 마찬가지로 장차 미로쿠(마이트레야), 즉 미륵불이
출현해 다시 불교를 부흥시키리라는 소망을 기반으로 한다.

9세기 말이나 10세기 초에 기원한 것으로 추정되는 유명한
설화, 「다케토리 모노가타리竹取物語」, 즉 '대나무 베는 노인 이
야기'는 달에서 온 사신이 자신을 도운 인간에게 보상을 내리
는 내용을 담고 있으며, 흔히 일본의 초기 유토피아 작품으로
간주된다. 하지만 일본의 초기 유토피아 중에서 가장 보편적
인 형태는 「도화원기」의 영향을 받은 것들이었다. 도화원 이
야기는 일본에서 약간의 변형을 거쳤다. 예를 들어, 「우라시마
타로浦島太郎」에서는 한 어부가 아이들에게서 거북이를 구해준
대가로 낙원 같은 용궁을 구경한다. 고향으로 돌아온 그는 놀
랍게도 단 며칠이 아니라 긴 세월이 흘러가버렸음을 깨닫는
데, 이는 대부분의 문화권에서 동류의 이야기들이 보이는 전
형적인 특징이다.

이처럼 일본에는 유토피아적 요소가 담긴 전통 설화들이
존재했고, 적어도 몇몇 초기 설화에는 중국에서 유래했으나

일본식으로 변형된 유토피아적 내용이 부분적으로 들어 있다. 하지만 일본의 유토피아 작품은 대부분 유럽 및 미국과의 접촉 후에 발간되기 시작했고, 그 발달 속도는 빠르지 않았다. 17세기에는 이하라 사이카쿠(井原西鶴, 1642~1693)의 『호색일대남好色一代男』(1682)이 있었다. 이 가벼운 이야기는 쾌락이 인생의 전부인 한 무리의 남자들에 대한 서술이 주를 이루지만, 마지막에는 그들이 오직 강한 여성들만 산다는 외딴 섬 '뇨고'를 찾아 떠나는 장면이 등장한다. 18세기에는 다양한 공상 여행기가 발간되는데, 그중 적어도 한 작품은 스위프트의 『걸리버 여행기』에 바탕을 두었다. 또한 안도 쇼에키(安藤昌益, 1701~1758)가 쓴 『시젠신에이도自然眞營道』(1775)의 일부분에는 소박하고, 자연적이며, 자족적인 유토피아의 모습이 묘사되었다.

19세기 후반에는 쥘 베른(Jules Verne, 1828~1905)과 (뒤이어) H. G. 웰스의 소설들이 인기를 끌면서 일본에서도 과학소설이 발달하기 시작했다. 처음에는 미래 지향적인 정치소설의 성격을 띠다가 나중에는 과학기술적인 미래소설로 변모했다. 원래는 유토피아적인 미래가 주를 이루었으나, 시간이 흐르면서 다른 나라들에서와 마찬가지로 디스토피아적인 내용으로 변했고, 서구 세계를 궁극적 디스토피아로 비판한 경우도 있었다. 보다 최근에 등장한 만화(그래픽노블)는 주로 디스토피아적인 미래를 그린다. 매우 드물긴 하지만, 긍정적이고 유토피아적인 미래를 그리는 만화도 있다.

이슬람

역사적으로 이슬람의 유토피아 전통은 제한적이었고, 두 가지 형태의 기본적인 유토피아, 즉 낙원과 메디나의 초기 무슬림 공동체가 있을 뿐이다. 메카로 이주하기 전의 평화로운 메디나 시절, 신앙을 지키기 위한 전투가 시작되기 전의 그 시기가 이슬람의 황금시대였다. 사실, 수단의 정치가이자 신학자인 마무드 모하메드 타하(Mahmoud Mohamed Taha, 1909~1985) 같은 일부 무슬림 학자들에 따르면, 쿠란은 메디나와 메카로 대변되는 매우 이질적인 두 시기를 반영하는 것으로 해석돼야 하며, 그중 메디나 시기의 텍스트가 더 중요하다. 이는 물론 소수 의견이지만, 전쟁과 분파(이로 인해 양대 계파인 수니 및 시아와 더불어 몇몇 소규모 독립 집단이 생겨났다)를 겪기 전의 메디나 시기가 이슬람의 상상력에서 특별한 역할을 하는 것은 사실이다.

『오마르 하이얌의 루바이야트Rubáiyát of Omar Khayám』(1048~1131)〔루바이야트는 페르시아의 전통적인 4행시를 가리킨다 ― 옮긴이)는 최초의 페르시아 유토피아로 불려왔고, 가장 널리 알려진 에드워드 피츠제럴드(Edward Fitzgerald)의 영역본을 놓고 보자면, 그건 맞는 말이다. "나뭇가지 아래 시집 한 권, 포도주 한 병, 빵 한 덩이/ 그리고 그대가 내 곁에서 노래를 부르니/ 오, 이제 광야는 낙원이어라!" 이런 유명한 시구들이 영어권 독자들에게 보여주는 것은 쾌락 중심의 유토피아다. 그러나 피츠제럴드의 작업은 번역이라기보다는 번안에 가까웠다. 위에 인용된 시구들은 시집 전체의 내용—죽음과 함께 인간의 모든 쾌락이 소멸됨을 강조한다는 점에서 성서의 『잠언』과 가깝다—을 반영하지 않는다. 『루바이야트』에 쾌락과 성욕이 두드러진 구절들이 있긴 하나, 거기서 결국 강조하는 것은 포도주로 얻어지는 망각이다. 전혀 이슬람답지 않은 셈이다.

대략 비슷한 시기에 나온 다른 두 작품은 이슬람 신앙을 보다 정확히 반영한다. 1150년경에 쓰인 『하이 이븐 야크잔—철학적 이야기Hayy Ibn Yaqzan: A Philosophical Tale』와 그로부터 약 100년 후에 등장한 『선지자의 생애에 관한 카밀의 고찰The Treatise of Kamil on the Prophet's Biography』은, 외딴섬에 고립된 어린아이라는 서사적 장치를 이용하여, 이슬람의 핵심을 이루는 종교적 진리들을 인간의 정신이 자력으로 추론해낼 수 있음을 입증하고자 했다.

오늘날 이슬람은 외부인들의 눈에는 단일하고 획일적인 신념 체계로 비치기 십상이지만, 실상은 깊이 분열돼 있다. 한

극단에서는 자유주의자, 페미니스트, 심지어 게이/레즈비언 무슬림들이 자신의 입장을 지지하는 방향으로 쿠란을 해석하고, 다른 극단에서는 이슬람주의자들이 원리주의적인 해석을 주장하며, 대다수 신도는 그 사이에 위치한다. 이슬람주의자들 간에도 내부적인 의견 충돌이 있지만, 그들은 모두 이슬람 율법인 샤리아를 사회질서의 근간으로 삼고자 하며, 오늘날의 무슬림 중에서 가장 유토피안에 가깝다. 아야톨라 루홀라 호메이니(Ayatollah Ruhollah Khomeini, 1900~1989)와 탈레반이 각각 이란과 아프가니스탄에서 구상한 이슬람 공화국의 비전은 분명 유토피아적이었다. 호메이니의 『신비의 해제解題Kashf al-Asrar』(1944)와 『이슬람 정부Hokomat-Eslami』(1971)에는(이들은 문학작품이 아니라 논저이지만) 그가 믿은 이상적인 이슬람 사회가 상세히 묘사돼 있다. 물론 잘 알려진 대로 그는 자신의 신념을 실현하기 위해 실제로 권력을 쟁취했다.

이슬람주의 유토피아가 문학적으로 표현된 사례는 거의 없지만, 적어도 두 작품이 존재한다. 『5차원Al-bu'd al-khāmas』은 무슬림형제단 활동으로 인해 투옥된 저자가 이집트의 감옥 안에서 쓴 희곡으로, 대표적인 이슬람주의 이론가였던 사이드 쿠틉(Sayyid Qutb, 1906~1966)의 가르침에 바탕을 둔 것으로 보인다. 다른 하나는 이란의 세예드 모지타바 나바브 사파비(Seyyed Mojtaba Navvab Safavi, 1924~1955, 사형)가 쓴 『페다인 이슬람의 혁명 과제Barnameh-ye Enqelabi-ye Fada'ian-e Eslam』
(1950)〔페다인 이슬람은 사파비가 조직한 이란의 이슬람주의자 집
단이다—옮긴이)로, 이상적인 이슬람 사회체제를 간략히 묘사
했다. 이슬람 신학과 도덕률을 매우 (사실 지나칠 정도로) 단순
하게 혼합해놓은 글이다.

아프리카

케냐 태생의 문학 비평가 사이먼 기칸디(Simon Gikandi)는,
아프리카 소설의 초점은 '〔국가—지은이〕 권력의 문제'에 있다
고 말한다. 아프리카의 여러 유토피아 작품은 마치 각국의 문
민/군사 독재로 도래한 디스토피아를 그린 사실주의 소설처
럼 읽힌다. 차이점이라면 대체로 가상의 나라나 가까운 미래
를 배경으로 한다는 것 정도다. 하지만 소수의 아프리카 작가
들은 긍정적인 유토피아 소설을 썼다. 베시 헤드(Bessie Head,
1937~1986)의 가장 선명한 유토피아 작품인 『비구름이 모
일 때When Rain Clouds Gather』(1969)는 유토피아적인 마을공동
체를 만들려 한 노력에 관한 이야기이고, 『마루Maru』(1971)와
『힘의 문제A Question of Power』(1974) 역시 아프리카의 마을 생
활을 대체로 긍정적으로 묘사했다. 아이 크웨이 아마(Ayi Kwei
Armah, 1939~)는 유토피아와 디스토피아를 모두 썼다. 『2000

계절Two Thousand Seasons』(1973)에서는 아프리카의 과거를 평등주의적 유토피아로 재해석했지만, 『아름다운 것들은 아직 태어나지 않았어The Beautyful Ones Are Not Yet Born』(1968)에서는 아프리카의 다른 디스토피아 작품과 마찬가지로 특정 국가(이 경우는 콩고)의 현상황을 디스토피아로 제시했다. 월레 소잉카 (Wole Soyinka, 1934~)는 한 편의 소설에서 유토피아와 디스토피아를 동시에 보여주었다. 『아노미의 계절Season of Anomy』 (1973)의 첫 두 장은 유토피아 공동체를 묘사하고, 나머지 부분은 디스토피아인 현상황을 그리지만, 유토피아 공동체인 아이예로(Aiyero)를 통해 개선의 여지를 남겨두었다. 말리의 지브릴 탐시르 니안(Djibril Tamsir Niane, 1932~)은 『선디아타 — 옛 말리의 서사시Soundjata: ou, L'epopee mandingue』(1960) 에서 말리의 한 왕에 관한 이야기를 구전역사 형식으로 기술했다. 이야기는 그의 치세가 가져온 평화와 번영의 유토피아로 마무리된다.

그 밖에도 다음과 같은 아프리카 유토피아 작품들이 있다. 케냐 작품으로는 알리 A. 마즈루이(Ali A. Mazrui, 1933~(2014)) 의 『크리스토퍼 오키보 심판The Trial of Christopher Okigbo』 (1971), 그리고 응구기 와 티옹오(Ngũgĩ wa Thiong'o, 1938~) 의 『피의 꽃잎들Petals of Blood』(1977), 『십자가 위의 악마Devil on the Cross』(1980), 『까마귀를 부리는 마법사Murogi wa Kagogo』

(2004)가 있다. 나이지리아 작품으로는 부치 이메체타(Buchi Emecheta, 1944~(2017))의 『샤비의 강간The Rape of Shavi』(1983), 치누아 아체베(Chinua Achebe, 1930~(2013))의 『사바나의 개미 언덕Anthills of the Savannah』(1987), 그리고 벤 오크리(Ben Okri, 1959~)의 『신을 놀라게 한다는 것Astonishing the Gods』(1995)과 『아카디아에서In Arcadia』(2002)가 있다. 가나 작품으로는 코조 랭(Kojo Laing, 1946~(2017))의 『비행기를 모는 여자Woman of the Aeroplanes』(1988)와 『젠틀 소령과 아치모타 전쟁Major Gentl and the Achimota War』(1992), 그리고 코드워 아바이두(Kodwo Abaidoo)의 『검은 분노Black Fury』(1995)가 있다. 세네갈 작품으로는 우스만 셈벤(Ousmane Sembène, 1923~2007)의 『제국의 최후Le dernier de l'Empire』(1980)가 있다.

계획 공동체

불교 사원들은 무려 기원전 500년경부터 인도, 중국, 일본과 동남아시아 각지에서 번성했다. 힌두교에 바탕을 둔 영적 수련자들의 거처인 인도의 아쉬람은 기원전 1500년경에 시작됐으니, 그 역사가 더욱 깊다. 오늘날 서구에서 그리스도교 수도원이 유구한 계획 공동체 역사의 일부이자 근대적 계획 공동체의 효시로서 건재하듯이, 불교 사원과 아쉬람의 전통 역

11. 치누아 아체베는 나이지리아 이그보(Igbo) 부족 출신의 작가로, 나이지리아와 미국에서 가르쳤다. 그는 이 시대 아프리카의 현실에 대한 풍자로 가장 잘 알려져 있다.

시 위 지역에서 여전히 활력을 유지하고 있으며, 지역 문화의 핵심적 요소로 기능하는 한편 인적 이동을 통해 다른 문화권으로도 전파되고 있다.

근래 인도에서 생겨난 그리스도교계 아쉬람은, 전통적인 힌두교 아쉬람에 상응하는 공동체주의를 표방하며 인도의 그리스도교인들을 불러모으고 있다. 그러나 이러한 그리스도교 아쉬람은 힌두트바 운동으로부터 위협을 받고 있다.

인도와 일본에서는 근대에 상당히 많은 종교적/세속적 계획 공동체들이 발전했는데, 그중 일부는 인도의 오로빌(Auroville)처럼 계획 공동체 운동 전반에 영향을 끼쳤다. 1968년에 설립된 오로빌은 현재 구성원이 2000명에 달해 세계 최대의 계획 공동체로 추정되며, 약 4000명의 직원을 고용하고 있다.

오늘날 계획 공동체 운동 관련자가 아닌 일반인들은 인도의 공동체주의를 인도 바깥으로 근거지를 옮긴 몇몇 특정 운동(이들은 곧잘 사이비 종교 단체로 일컬어진다)과 동일시하는 경향이 있다. 쉬리 라즈니쉬(Shree Bhagwan Rajneesh, 1931~1990)와 그 추종자 집단이 그런 예다. 이들은 영국과 미국에 공동체를 세웠는데, 그중 미국 오리건의 공동체는 지방 정부와 갈등을 빚다가 폐쇄됐고 라즈니쉬는 국외로 추방당했다. 그러나 아마도 오늘날 대중에게 가장 친숙한 집단은, 하

12. 하레 크리슈나 신도들이 1980년 런던의 옥스퍼드 거리에서 춤을 추고 있다.

레 크리슈나(Hare Krishna) 운동이라는 별칭으로 잘 알려진 크리슈나 의식 국제 협회(International Society for Krishna Consciousness, ISKON)일 것이다. 형형색색의 긴 옷을 입은 하레 크리슈나 신도들이 춤추고 행진하고 구송하는 모습은 대부분의 대도시에서 볼 수 있다.

일본의 공동체주의는 그 역사가 두드러지게 다채롭다. 일본에는 불교 사원들, 특히 서구인들에게서 큰 관심을 끌며 세계적으로 퍼져나간 선불교 사원들 외에도, 강력한 협동조합 운동이 있다. 이 운동은 로버트 오언의 글에서 영향을 받은 것인데(일본의 로버트 오언 협회는 오랜 역사를 자랑한다), 1970년대에 일본에는 300여 개나 되는 협동조합 마을이 있었다. 세계대전 이전에는 전원도시 개념이 크게 각광받았지만, 일반적으로 잘못된 이해에 근거해 있었다. 일본에서 전원도시라는 이름으로 건설되고 지칭된 것들은 사실상 전형적인 근교 소도시들이었고, 에버니저 하워드가 창안한 개념은 반영되지 않았다.

일본 고유의 토착 공동체도 있었는데, 그중 일부는 옴진리교 같은 디스토피아적 사이비 종교 집단이었다(옴진리교는 1995년 도교 지하철역에 독가스를 살포했다). 일본에서 가장 오래된 코뮌인 이토엔('빛의 정원')은 1911년에 설립되어 1928년에 현재 위치로 옮겼고, 아타라시키무라('새로운 마을')는 1918

년에 설립됐다. 그후로 지금까지 꾸준히 공동체들이 생겨났는데, 다른 여러 나라에서와 마찬가지로 1970년대에는 가파르게 성장했다. 일본의 공동체들은 대체로 카리스마 있는 지도자를 중심으로 설립됐지만, 일부는 지도자가 죽은 뒤에도 살아남았다.

중국은 불교 사원의 전통이 깊다. 그리스도교가 전파되면서 그리스도교 수도원들도 들어섰지만, 20세기의 격동기 동안 모든 종교 단체는 공산당 정부의 탄압을 받았고, 다수가 강제로 해산되거나 폐쇄됐으며, 최근 들어서야 일부가 활동을 재개하고 있다.

그 외 20세기 중국의 공동체주의는 1960~1970년대의 강요된 공동체주의와 동일시되곤 한다. 이 시기 많은 중국인은 정부의 명령에 따라 집단거주지로 이주했는데, 그곳은 정부의 의도로 설립됐다는 점에서는 계획 공동체였지만, 사람들이 자발적 의사로 참여하지 않았다는 점에서 계획 공동체가 아니었다. 일시적으로 이들 공동체는 정부가 의도한 목적을 달성하는 것처럼 보였다. 식량 생산, 인구 분산, 노동력 활용(공동 취사/육아로 여성의 노동에 제약이 없어졌다), 공공사업을 위한 노동력 동원, 주택 및 위생환경 개선 등에서 효율성이 향상됐기 때문이다. 하지만 얼마 지나지 않아, 그런 효율성이 기대에는 크게 못 미치고 더욱 치밀한 계획이 필요했었다는 사실이

드러났다. 그러므로 전통적인 종교적 계획 공동체와 달리, '중국식 코뮌'은 되살아나지 못할 것이다.

몇몇 예외가 있긴 했지만, 아프리카의 계획 공동체들은 거의 모두 식민지화 과정의 산물이었다. 유럽의 공동체주의자들은 아프리카를 자기들의 구상을 구현할 장소로 보았고, 그곳에 이미 살던 사람들에 대해서는 아무 생각이 없었다. 최초의 기획은 『대영제국의 보호를 받지만 유럽의 모든 법률과 정부로부터의 완전한 독립을 누리는 자유 공동체를 아프리카 해안에 설립하기 위한 계획Plan for a Free Community upon the Coast of Africa, Under the Protection of Great Britain; But Intirely Independent of all European Laws and Governments』(1789)에서 제안된 시에라리온 정착 사업으로, 성과는 없었다. 노예였다가 해방된 이들을 영국, 캐나다, 미국으로부터 시에라리온으로 이주시키려한 여러 시도들도 제한적인 성공을 거두는 데 그쳤다. 약 100년 후에는 테오도어 헤르츠카(Theodor Hertzka)가 그의 소설 속 프라일란트(Freiland, '자유국가') 공동체를 아프리카에 세우자고 제안했고, 초기에는 꽤 지지를 얻었다. 이렇다 할 성과로 이어지지 못한 이상의 기획들과 달리, 한 가지 실험에서는 전체적으로 유토피아적이라 할 만한 프로그램들과 더불어 몇몇 계획 공동체의 설립이 추진되어 어느 정도 성공을 거두었다. 바로 자유인이 된 미국의 노예들을 라이베리아에 정착시

킨 사업이었다. 이 사업은 다양한 미국 교회들의 후원을 얻었고, 간헐적으로는 정부의 공식적인 지원도 있었다. 『라이베리아—페이턴 씨의 실험Liberia; or Mr. Peyton's Experiments』(1853)은 이 프로젝트를 지원하기 위해 쓰인 유토피아 소설이었다.

이슬람에는 공동체주의의 전통이 없다. 하지만 1970년대에 이슬람으로 개종한 아프리카계 미국인들은 미국의 몇몇 도시와 전원 지역에서 계획 공동체를 세웠다.

세계적 관점

이렇게 유토피아니즘은 단지 서구 그리스도교 문명만의 현상이 아니라, (모두는 아니더라도) 거의 대부분의 문화권에서 다양한 형태로 존재한다. 먼 옛날의 유토피아적 시절에 관한 설화는 보편적이었지만, 그후로 무엇이 잘못됐는지, 그리고 그런 유토피아가 다시 회복되거나 재건될 수 있는지에 대한 설명은 지역마다 달랐다. 인간의 노력으로 구현 가능한 좋은 삶에 대한 비전 역시 보편성과 문화적 특수성을 동시에 보였다. 모어의 『유토피아』가 전파된 후로는 같은 모델을 사용한 문학적 유토피아가 전세계에 등장했는데, 그런 작품들에도 각 지역의 특수한 상황이 반영되었다. 한편으로는, 다양한 나라와 문화가 유사한 문제를 경험하면서 유사한 해결책이 도

출되기도 했다. 페미니즘이나 환경주의 같은 사회운동이 제기
한 문제들에 대해서도 다양한 지역에서 유사한 방식의 대응
을 보였다. 그러나 지역적 상황이 또렷이 반영된 상이한 반응
이 나오기도 한다.

종교적 계획 공동체들은 여러 지역에서 독립적으로 발생하
면서 각 지역의 상황을 반영한 것으로 보인다. 세속 공동체들
은 그보다 훨씬 더디게 발달했는데, 공동체 설립의 동기가 무
엇이냐에 따라 어떤 부류는 지역별 상황과 전통에 따른 편차
를 보였고, 어떤 부류는 지역에 관계없이 매우 유사했다.

제 5 장

그리스도교
전통의
유토피아니즘

대부분의 종교가 어떤 형태로든 (비록 죽음 후에나 오는 것이라 할지라도) 지금보다 훨씬 더 나은 삶을 제시하지만, 유대교와 그리스도교는 그야말로 유토피아적인 이미지들로 가득하다. 그리스도교는 서구 유토피아니즘의 원천이었고, 유토피아니즘은 긍정적으로든 부정적으로든 현대 그리스도교 신학의 핵심적 주제다. 유토피아적인 과거(에덴동산)와 유토피아적인 미래(천국과 지옥, 그리스도의 재림, 천년왕국)의 이미지들은, 닿을 수 없는 과거나 알 수 없는 미래뿐만 아니라 현세와도 관계를 맺고 있다. 그것들은 흔히 공상 속에서 더 낫거나 못한 삶의 이미지가 되기도 하지만, 동시에 왜 지금 더 나은 삶을 살수 없느냐는 질문을 제기한다. 중세에 성직자, 특히 수도사들은 평신도들보다 더 나은 삶을 사는 듯이 보였고, 어떤 사람들은 그 나은 삶이 어째서 모두에게 허락되지 않는지를 물었다. 사람들은 종종 교회가 왜 대다수 다른 신도들이 아닌, 부자와 권력자의 편에 서는 것처럼 보이는지 질문한다. 부자와 권력자는 지금 더 나은 삶을 살 수 있는데, 왜 나머지 사람들은 그럴 수 없는가?

성서

성서의 구약과 신약에는 서구 유토피아니즘의 발달에 자양분을 제공한 많은 이미지와 메시지가 담겨 있다. 후대의 유토피안들은 구약에서 에덴동산에 관한 묘사, 선지자들의 세계관, 그리고 그들의 구체적인 제안들을 끌어다 썼다. 신약의 내용 중에서는 그리스도의 메시지와 함께 「요한의 묵시록」(「요한계시록」)에 담긴 종말, 아마겟돈 전쟁, 천년왕국에 대한 묘사가 지대한 영향을 끼쳤다. 또한 외경(外經)에 기술된 종말, 아마겟돈 전쟁, 천년왕국도 후대 그리스도교 사상가들에게 영향을 주었다.

구약

에덴은 잃어버려 되찾을 수 없는 곳으로 여겨진다. 타락 이후 그곳은 누구도 살지 않는 곳이 되었고, 인류는 그리스도가 재림하기 전까지 그곳에 들어갈 수 없다. 하지만 에덴은 신과 연결된 삶의 이미지—불멸, 순수, 야생동물에 대한 두려움의 부재, 온화한 기후, 노동 없는 풍요—를 제공했다.

에덴동산에 대한 묘사는 곧 「창세기」에서보다 더 정교해졌다. 5세기에 북아프리카 카르타고에서 라틴어로 시를 썼던 블로시우스 에밀리우스 드라콘티우스(Blossius Aemilius Dracontius, 455?~505?)의 묘사가 전형적이다.

> 네 갈래 강물이 흐르고,
>
> 황홀한 꽃으로 단장한 곳; 잔디에는 보석이 박히고
>
> 풍성하고 향기로운 풀 내내 시들지 않는 곳,
>
> 신께서 지으신 이 세상에서 가장 아름다운 동산.
>
> 그곳의 과일은 해가 가도록 철을 모르고,
>
> 그곳의 땅은 영원히 봄을 꽃피운다네.
>
> 듬직한 나무 무리는 고운 이끼로 옷 입고;
>
> 잎사귀와 굵은 가지는 얽히고설켜
>
> 울타리처럼 촘촘히 자라 오르네; 나무마다
>
> 열매가 늘어지고, 풀밭 위 여기저기 떨어져 있네.
>
> 뜨겁게 달구는 태양 빛도, 뒤흔드는
>
> 뇌성도 없고, 회리바람 일어나

사납고 음험하게 몰아치지도 않아; 짓누르는 얼음도,

내리치는 우박도 없고, 백발 같은 성에가

들판을 하얗게 뒤덮지도 않네. 그저 조용한 산들바람,

반짝이는 샘에서 이는 부드러운 바람이 있다네.

나무는 가볍게 흔들리고; 살랑대는 잎사귀의

연한 숨결에 고요한 광경은 잠시……

타락은 이 모두를 바꿔놓았고, 노동과 두려움, 죽음이 인간의 숙명이 되었다. 신과의 연결은 끊어졌고, 순수는 무화과나무 잎으로 상징되는 수치심으로 대체되었다. 유토피아니즘은 흔히 원죄〔타락으로 인해 인간이 날 때부터 지니는 본질적인 죄와 죄성罪性―옮긴이〕를 극복하고 에덴으로 돌아가려는 열망, 혹은 죄가 사라진 후에 새로운 유토피아를 창조하려는 열망으로 해석된다. 정치이론가 주디스 슈클라(Judith Shklar, 1926~1992)는 이렇게 말했다.

유토피아는 '원죄'의 개념, 즉 인간의 생래적인 덕성과 이성을 치명적으로 손상된 나약한 기능으로 보는 관점을 거부하는 수단이었다. 고전적 유토피아가 말하거나 말하지 않는 모든 것들은, 결국 원죄라는 근본적 가설에 대한 공격이었다.

에덴을 찾아내려는 원정대는 허구와 현실 모두에 존재했고, 에덴의 위치에 대한 보고서가 발간되기도 했다. 18세기에는 에덴의 위치를 아르메니아로 표시한 지도가 등장했다. 아르메니아에서 티그리스강과 유프라테스강이 발원한다는 이유에서였다. 에덴은 실제로 발견 가능한 지상낙원이 되었고, 심지어 어떤 사라진 부족이 살고 있거나 선한 그리스도교인 군주가 다스리는 곳으로 여겨지기도 했다. 탐험가 크리스토퍼 콜럼버스(Christopher Columbus, 1451~1506)와 아메리고 베스푸치(Amerigo Vespucci, 1454~1512)는 모두 그들의 신세계에서 바로 그 지상낙원을 발견했다고 생각했는지도 모른다.

선지자들의 세계관

선지자들은 당대의 상황을 탄식했고, 이스라엘 백성이 회개하지 않으면 더 큰 재앙이 닥쳐오리라 경고했으며, 바른 길로 돌이키면 상황이 나아질 것이라는 희망을 제시했다. 이 마지막 메시지는 부각되지는 않았으나 엄연히 존재했다. 선지자 예레미야는 이렇게 말했다.

이제 그들은 시온 언덕에 와서 환성을 올리리라. 이 야훼가 주는 선물을 받으러 밀려들리라. 밀곡식, 햇포도주, 올리브 기름에다 양새끼와 송아지까지 받으리라. 마음 또한 물 댄 동산같이 다시는 시들지 아니하리라. 그렇게 되면 처녀는 기뻐하며 춤추고 젊은이와 노인이 함께 즐거워하리라. 나는 그들의 슬픔을 기쁨으로 바꾸고 근심에 찼던 마음을 위로하여 즐겁게 하리라.

　　　　　　　　　　　　　　　　　—「예레미야」31장 12~13절

「이사야」의 유명한 구절도 비슷한 이야기를 하고 있다.

늑대가 새끼 양과 어울리고 표범이 숫염소와 함께 뒹굴며 새끼 사자와 송아지가 함께 풀을 뜯으리니 어린아이가 그들을 몰고 다니리라. 암소와 곰이 친구가 되어 그 새끼들이 함께 뒹굴고 사자가 소처럼 여물을 먹으리라. 젖먹이가 살무사의 굴에서 장난하고 젖뗀 어린아기가 독사의 굴에 겁 없이 손을 넣으리라.

　　　　　　　　　　　　　　　　　—「이사야」11장 6~8절

이사야는 특히 인간과 동물 사이, 동물과 동물 사이에 적대감이 사라질 것을 강조했고, 그 점은 대부분의 황금시대나 지상낙원의 보편적인 특징이다. 만연한 공포가 사라지고, 어린아이는 예전에는 위험했을 동물들 사이에서 안전할 것이다.

하지만 선지자들의 긍정적 비전은 매우 일반적이고 모호했다. 구약성서에서 고전적인 유토피아와 그나마 가장 가깝다 할 만한 것은 「에제키엘」40~48장에서 찾을 수 있다. 여기서

153

13. 에드워드 힉스(Edward Hicks, 1780~1849)의 〈나뭇가지가 있는 평화로운 왕국The Peaceable Kingdom of the Branch〉(1834)은 그가 「이사야」 11장 6~8절을 바탕으로 그린 61점의 그림 중 하나다.

에제키엘(에스겔)은, 재건될 성전과 거기서 행해질 제사들에 대해 상세히 묘사하고, 토지를 어떻게 성전과 왕, 그리고 이스라엘 각 족속에게 분배할 것인지를 언급했다. 말하자면 성전의 재건을 모두의 삶을 개선할 기회로 삼아야 함을 시사한 것이다.

구약 여러 곳에 등장하는 제도로서 많은 이들이 유토피아의 한 근간으로 본 것은 안식년과 희년〔禧年, Jubilee, 7년마다 안식년을 일곱 번 치르고 난 뒤 50년마다 지키는 해방의 해―옮긴이〕제도다. 「레위기」 25장, 「느헤미야」 10장 31절, 「출애굽기」 23장 10~12절, 그리고 더욱 급진적인 형태로는 「신명기」 15장 1~18절에 언급되었다. 기본 원리는 7년마다 경작을 중단해 땅이 쉴 수 있도록 하는 것이었지만, 「신명기」는 여기서 더 나아가 7년마다 모든 이들의 빚을 탕감할 것을 명했다(외국인이 진 빚은 예외였다). 그리고 이상 언급된 구절 모두에서 궁핍한 자들에 대한 지원과 공정한 처사를 강조했다. 제3세계 국가들의 빚을 2000년까지 탕감해주자는 취지로 발족했던 '주빌리 2000'은 이 제도에서 이름을 딴 국제적 운동이었다.

이보다 일반적인 수준에서, 이사야는 전쟁 없는 미래를 이야기한다.

그가 민족간의 분쟁을 심판하시고 나라 사이의 분규를 조정하시리니, 나라마다 칼을 쳐서 보습을 만들고 창을 쳐서 낫을 만들리라. 민족들은 칼을 들고 서로 싸우지 않을 것이며 다시는 군사 훈련도 하지 아니하리라.

—「이사야」 2장 4절

유대교 문헌 중에 그리스도교 성서에 포함되지 않은 것들도 이런저런 모양으로 더 나은 미래를 보여주었다. 『희년서The Book of Jubilees』(기원전 153~105)는 이렇게 말했다.

또한 그들은 자기의 모든 날수를 다하고 평화와 기쁨을 누릴 것이며, 사탄도 없고 사악한 멸하는 자도 없으리니, 그들의 모든 날이 축복과 치유의 날이 될 것이다.

『시빌의 신탁Sibylline Book of Oracles』은 말했다.

우주의 어머니 대지가 사람에게 가장 좋은 열매를 베풀어, 곡식과 포도주와 기름이 헤아릴 수 없을 것이다. 진실로 하늘에서는 감미로운 꿀로 만든 향긋한 음료가 내리고, 나무는 각기 알맞은 과실을 맺고, 가축 떼는 풍성하여 암소와 어린 양, 어린 염소가 넉넉할 것이다. 그가 흰 젖이 솟는 달콤한 샘을 내실 것이다. 성읍은 좋은 것으로 가득하고 들판은 풍족하리니, 나라에 검이나

다투는 소리가 없으며, 땅이 더는 깊이 신음하며 떨지 않을 것이다. 나라에 전쟁과 기근이 멈추고 가뭄과 우박에 작물이 상하지 않을 것이다. 오직 온 땅에 큰 평화가 있어 시대가 다하도록 왕과 왕이 화목할 것이며, 별빛 밝은 하늘의 영원한 자께서 온 땅의 인간들에게 공히 적용될 하나의 법을 완전케 하시어, 가증스러운 자들이 저지른 모든 행위를 판단하실 것이다.

구약을 해석한 후대의 그리스도교인들은, 선지서에 담긴 긍정적 메시지와 더불어, 인간을 하느님이 바라는 삶으로 이끄는 율법의 기능을 강조했다. 그리고 많은 사람들은 그와 동일한 기능을 수행할 법 중심의 유토피아를 발달시켰고, 이 경우 대개, 선지자들의 접근법에 따라, 범법자가 받게 될 처벌을 강조했다.

신약

신약은 인류를 구원하러 온 그리스도를 그리며, 심판이 아닌 사랑의 하느님을 이야기한다. 신약에는 유토피아라 할 만한 것이 등장하지 않지만 평등, 용서, 이웃과 이방인에 대한 사랑이라는 메시지는 서구 유토피아니즘의 상당 부분과 여러 문학적 유토피아에 밑바탕을 제공했다. 반복되는 주제 중 하나는, 사람들이 그리스도의 메시지를 그대로 따르면 자연히 사회가 좋아지리라는 것이었다. 산상수훈(山上垂訓)〔선교 초기 시절 예수가 갈릴리 지역 작은 산 위에서 행한 설교―옮긴이〕은 선한 행위에 따르는 보상을 이렇게 설명했다.

마음이 가난한 사람은 행복하다. 하늘 나라가 그들의 것이다.

슬퍼하는 사람은 행복하다. 그들은 위로를 받을 것이다.

온유한 사람은 행복하다. 그들은 땅을 차지할 것이다.

옳은 일에 주리고 목마른 사람은 행복하다. 그들은 만족할 것이다.

자비를 베푸는 사람은 행복하다. 그들은 자비를 입을 것이다.

마음이 깨끗한 사람은 행복하다. 그들은 하느님을 뵙게 될 것이다.

평화를 위하여 일하는 사람은 행복하다. 그들은 하느님의 아들이 될 것이다.

옳은 일을 하다가 박해를 받는 사람은 행복하다. 하늘 나라가 그들의 것이다.

나 때문에 모욕을 당하고 박해를 받으며 터무니없는 말로 갖은 비난을 다 받게 되면 너희는 행복하다. 기뻐하고 즐거워하여라. 너희가 받을 큰 상이 하늘에 마련되어 있다. 옛 예언자들도 너희에 앞서 같은 박해를 받았다.

―「마태오의 복음서」 5장 3~12절

또한 이어지는 5장 48절은 "하늘에 계신 아버지께서 완전하신 것같이 너희도 완전한 사람이 되어라"라고 이른다.

종말과 천년왕국

초기 그리스도교 시대에 가장 일반적인 유토피아적 글쓰기는 묵시록의 형태를 띠었다. 묵시록은 임박한 미래에 하느님이 대재앙으로 악인을 멸하고 의인을 부활시켜 메시아의 왕국에서 살게 하리라고 예언했다. 묵시록은 대개 성서에서 배제됐지만, 「요한의 묵시록」은 정경(正經)으로 인용됐다. 요한의 묘사에 따르면, 일곱 봉인이 떼이고 일곱 나팔이 울리면서 끔찍한 심판의 재앙이 차례로 펼쳐지고, 결국 온 세상과 그 안에 거하는 모든 것들이 완전히 멸망한다. 그러나 의인들의 1000년 치세와 선과 악의 최후 결전인 아마겟돈이 끝난 후에는, 새로운 우주가 탄생한다.

그 뒤에 나는 새 하늘과 새 땅을 보았습니다. 이전의 하늘과 이전의 땅은 사라지고 바다도 없어졌습니다. 나는 또 거룩한 도성 새 예루살렘이 신랑을 맞을 신부가 단장한 것처럼 차리고 하느님께서 계시는 하늘로부터 내려오는 것을 보았습니다. 그 때 나는 옥좌로부터 울려 나오는 큰 음성을 들었습니다. "이제 하느님의 집은 사람들이 사는 곳에 있다. 하느님은 사람들과 함께 계시고

14. 새 예루살렘이 땅으로 내려오는 「요한의 묵시록」 21장 16절의 장면을 담은 14
세기 태피스트리 작품이다.

사람들은 하느님의 백성이 될 것이다. 하느님께서는 친히 그들과 함께 계시고 그들의 하느님이 되셔서 그들의 눈에서 모든 눈물을 씻어주실 것이다. 이제는 죽음이 없고 슬픔도 울부짖음도 고통도 없을 것이다. 이전 것들이 다 사라져버렸기 때문이다."

—「요한의 묵시록」 21장 1~4절

그리고 이어서, 새 예루살렘이 귀금속과 보석으로 지은 곳이라는 점을 강조하는 설명이 뒤따른다. "그 성벽은 벽옥으로 쌓았고 도성은 온통 맑은 수정 같은 순금으로 되어 있었습니다."(21장 18절)

대부분의 묵시록은 정경이 아니며, 묵시록이 묘사하는 메시아의 왕국은 고전적인 황금시대를 연상시킨다. 예를 들어, 『바룩묵시록Apocalypse of Baruch』으로도 불리는 『바룩 2서II Baruch』는 이렇게 말한다.

그후에 병 고침이 이슬처럼 강림하고 질병이 물러가, 불안과 비통과 탄식이 인간에게서 사라지고 기쁨이 온 땅에 퍼질 것이다. 다시는 때 이른 죽음을 맞는 자가 없고 뜻밖의 환란을 당하는 자도 없을 것이다…… 다시는 아이 밴 여인이 괴롭지 않고, 자궁의 열매를 해산하는 동안 고통을 당하지 않을 것이다. 또한 그때에 추수하는 자가 지치지 않고 집 짓는 자가 쇠하지 아니하리니, 힘들이지 않고도 일이 속히 진행되어 일하는 자가 크게 평안할 것이기 때문이다.

『에녹서Book of Enoch』에도 비슷한 그림이 제시되어 있고, 초기 그리스도교 교부들의 글에서도 황금시대를 연상시키는 메시아의 왕국을 찾아볼 수 있다. 락탄티우스(Lactantius, 250?~325?)는 『그리스도교 개요The Divine Institutes』에서 이렇게 썼다.

땅이 비옥함을 열어 스스로 가장 풍성한 소출을 내고, 바위산에 꿀 이슬이 내리고, 포도주가 흘러넘치고, 강에 젖이 흐를 것이다. 그렇게 세상 전체가 기뻐하고 온 자연이 즐거워하리니, 그들이 악과 불신앙, 죄와 허물의 지배에서 놓여나 자유를 얻을 것이기 때문이다.

달리 말하자면, 실제의 에덴은 몰라도 대안적 에덴에 들어가는 것은 가능할지도 몰랐다.

종말과 천년왕국에 대한 기대는 그 급진적 함의로 인해 한시적 억압에 처하면서도 꾸준히 막강한 영향력을 발휘했고, 그 흔적은 중세 전기간에 걸쳐 발견된다. 중세인들은 적그리스도가 출현하기 전에 이 땅에 더 나은 시대를 가져올 말세의 황제(Last World Emperor)에게 기대를 걸기 시작했다. 17~

18세기에 영국에서 일어난 정치적 운동들, 미국 청교도들의 믿음, 그리고 뒤이은 미국 독립혁명에서도 종말론적 소망이 확인된다. 최근에는 미국 출판계에서 『레프트 비하인드Left Behind』 시리즈가 선풍적인 인기를 끌었다. 총 16권의 원작소설에 그래픽노블, CD, 비디오게임, 청소년 도서, 그 밖의 관련 상품이 추가된 이 시리즈는, 휴거(Rapture, 성서의 「데살로니카인들에게 보낸 첫째 편지」를 근거로 한 전前천년설에서, 모든 구원받은 자들이 일제히 땅에서 하늘로 들림을 받는 사건) 후에 남겨진 자들, 선과 악의 대결, 그리고 그리스도의 재림을 다루었다[그리스도교의 종말론은 천년왕국과 재림의 상대적 시점에 따른 전천년설과 후천년설, 그리고 천년왕국이 물리적 실체가 아닌 영적인 상태를 가리킨다는 무천년설로 나뉜다—옮긴이].

성 브렌던의 섬과 사제왕 요한

중세에 두 가지 중요한 이미지가 그리스도교 유토피아니즘에 추가됐다. 바로 성 브렌던의 섬과 (12세기 후반에 기원한) 사제왕(司祭王) 요한의 나라다. 성 브렌던(St Brendan)의 섬은 15~16세기까지도 지도에 표시됐고, 탐험가 바스쿠 다 가마(Vasco da Gama, 1460/1469~1534)는 사제왕 요한에게 전할 편지를 품고 출항했다고 하니, 수세기 동안 그리스도교인들의 상상에 두 이미지가 끼친 영향을 짐작할 만하다.

아일랜드가 그리스도교를 받아들이면서, 임라마(immrama)라 불리던 전통적인 항해 이야기들은 같은 구조를 가진 그리스도교적 우화로 변형(말하자면 그리스도교화)되었다. 그중 가장 유명했던 것이 「성 브렌던의 항해」다. 기록 연대는 이르면 800년경으로 추정되며, 다양한 언어권에서 다양한 판본으로 존재한다. 가장 오래된 것으로 추정되는 판본에서는, 브렌던과 몇몇 수도사들이 찾아나선 섬, 즉 성인들이 사는 '약속의 땅'이 상당히 간결하게 묘사됐다. 훨씬 더 상세해진 다른 판본에서는, 브렌던과 수도사들이 방문한 낙원의 입구를 용과 거대한 검이 막아서지만, 하느님의 사자(使者)가 나와 그들을 반갑게 맞아들인다. 낙원은 이렇게 묘사된다.

> 그곳에 거하는 이들은 고생을 모르고, 매서운 바람이나 더위와 추위, 질고와 배고픔, 목마름과 궁핍을 겪지 않을 것이다. 원하는 것은 무엇이나 풍족하게 얻을 것이며, 가장 좋아하는 것이 무엇이든 그것을 잃을까 불안해하지 않을 것이다. 그것이 늘 거기에, 언제나 준비된 상태로 있을 터이기 때문이다.

사제왕 요한(Prester John)의 나라에 관한 이야기도 중세 후기의 중요한 설화로 자리잡았다. 『맨더빌 여행기』The Travels of Sir

John Mandeville』(1499)에는 존 맨더빌(John Mendeville)이 그 나라를—아마존(고대 그리스 신화에 등장하는 여성 무사 종족—옮긴이) 공동체나 괴물의 나라와 같은 온갖 상상의 장소 및 실제의 장소들과 아울러—실제로 방문했던 것처럼 묘사돼 있다. 여러 탐험가들이 사제왕 요한의 나라를 찾아나섰고, 많은 이들이 성공을 알려왔다. 진위를 떠나, 그곳의 기본적인 특징은 대동소이했다. 사제왕 요한은 경건한 그리스도교인 통치자의 표본이었으며, 그가 통치하는 나라는 진정한 그리스도교인이 온전한 그리스도교인의 삶을 실천할 수 있는 곳이었다. 온전한 그리스도교인의 삶은 다른 곳에서는 불가능했고, 그 자체로 유토피아임이 분명했다. 물론 그런 삶도 완벽할 수는 없었다. 완벽은 천년왕국에서야 가능했기 때문이다. 하지만 선한 그리스도교인 군주의 통치하에서는 다른 어떤 체제에서보다도 그 삶을 훨씬 더 잘 실천할 수 있었다. 당시에는 훗날 '군주지침서'로 불린 문헌들이 존재했는데, 선한 그리스도교인 군주가 되어 모든 신민에게 더 나은 삶을 제공하려면 어떻게 처신해야 하는지를 군주에게 당부하는 내용이었다.

앞서 기술된 유토피아의 특징들은 모두 타락에 수반된 저주에 조목조목 대응하는 것들이지만, 그중 어떤 것도 하느님의 개입 없이는 인간에게 허락되지 않는다. 심지어 의인들도 그저 의로워지기로 스스로 결심한 자들이 아니라, 하느님에 의해 선택된 자들이다. 궁극의 유토피아인 천국에 들어갈 자들 역시 그렇다.

천국과 지옥

천국이나 낙원의 구체적인 조건들은 지상낙원에 비해 그리 상세히 묘사되지 않는다. 하지만 천국은 대체로 황금시대와 비슷하면서 그 정도로 쾌락 지향적이지는 않은 곳으로 볼 수 있다. 물론 죽음은 이미 지나갔기 때문에 천국에 죽음은 없다. 영적인 존재들에게는 보통 음식이나 집, 섹스, 노동이 필요치 않다. 필요한 모든 것들은 하느님과의 연결을 통해 영원히 공급된다.

서방교회에서 널리 읽힌 4세기 문헌 『바울묵시록』에는 천국과 지옥에 관한 초기의 묘사가 담겨 있다. 서구 문화의 일부로 자리잡은 이런 종류의 묘사에서, 천국은 전형적인 지상낙원이었다.

또한 내가 그 땅을 둘러보니, 젖과 꿀이 흐르는 강이 보이고, 그 강둑을 따라 과일이 잔뜩 달린 나무들이 늘어섰는데, 한 그루마다 매년 열두 가지 과일이 나와 열매가 각양각색이었다. 또한 내가 하느님이 지으신 거기 있는 모든 피조물을 보니, 키가 20큐빗

〔1큐빗은 팔꿈치에서 손끝까지의 길이로, 약 46센티미터에 달한다—옮긴이〕 되는 종려나무가 있고, 다른 것들은 10큐빗도 되며, 그 땅은 은보다 일곱 배나 빛났다. 또 거기 뿌리에서부터 가장 높은 가지까지 열매로 가득한 나무가 있으니, 종려나무 열매가 1만하고도 또한 1만이었다. 포도밭에는 포도나무가 1만 그루 자라는데, 나무마다 1만 송이, 송이마다 1000알갱이 포도가 열렸다. 모든 나무에 열매가 1000씩 맺혔다.

지옥은 끔찍했다.

또한 내가 불이 끓어오르는 강을 보니, 무수한 남자와 여자가 무릎까지 그 강에 잠겼는데, 다른 이들은 배꼽까지, 어떤 이들은 입술까지, 어떤 이들은 머리카락까지 잠겼…… 내가 또한 북쪽으로 한 곳을 보니, 온갖 형벌을 받는 남자와 여자로 가득한데, 불의 강이 그리로 흘러들었다.

성 아우구스티누스(354~430)는 천국과 지옥을 하느님의 도성(City of God)과 지상의 도성(Earthly City)으로 재구성했는데, 이 역시 영향력이 컸다. 아우구스티누스는 (살았거나 죽었거나) 모든 영혼을 압도적 다수인 저주받은 자와 선택/구원받은 자로 나누었다. 살아 있는 자들 중 누가 어느 도시에 속하는지는 오직 하느님만 알며, 본인이나 다른 산 자 그 누구도 알 수 없다. 그러므로 현세에서 디스토피아는 가능할지 몰라도, 유토피아는 불가능하다.

그러나 사람들의 상상 속에 각인된 지옥의 이미지는, 단테 (1265~1321)의 『신곡』 「지옥Inferno」편에서 죄인들이 죄의 경중에 따라 갖가지 고문을 당하는 모습이었다. 가장 보편적인 것은 불의 이미지이나(단테가 불의 형벌을 묘사한 것은 사실이다), 그의 지옥에서 사탄이 관장하는 가장 깊숙한 환계(circle)는 사실 차갑게 얼어붙은 곳이었다.

그리스도교에서 그리스도의 재림은 언제든 일어날 수 있는 사건이지만, 그 누구도 정확한 일시를 알 수 없을뿐더러, 자신이 과연 구원받은 자 중에 속하는지도 확신할 수 없었다. 재림의 시점에 대한 계측이 여러 차례 있었고, 그날을 앞당기려는 방안들이 제시되기도 했지만, 시간이 흐르면서 대부분의(모두는 아니었지만) 그리스도교인은 기대를 접었다. 그러나 상황을 그대로 받아들일 수는 없었다. 인류는 삶이 더 나아질 수 없다는 사실을 인정하지 않았다. 그들은 더 나은 삶이 어떤 모습일지, 그리고 그것을 어떻게 실현할 수 있을지를 고민하기 시작했다.

종말과 천년왕국에 대한 신앙을 종합적으로 반영한 피오레의 조아키노(Gioacchino da Fiore/Joachim of Fiore, 1135?~

1202)의 글은 수세대에 걸쳐 저술가들에게 직간접적으로 영향을 주었다. 조아키노는 미래에 제3의 시대가 도래할 것이고, 그러면 새롭고 영적인 존재 조건 속에서 교회를 포함한 기존의 사회·정치 제도가 변화하여 유토피아 같은 곳이 이루어질 거라고 예언했다.

조아키노의 글과 그의 다양한 추종자들 대부분의 사상에는 유토피아적 요소가 담겨 있었으나, 천년왕국설의 성격은 대체로 모호했다. 엇비슷한 시기에 여러 이단적 종파들이 천년왕국의 삶이 어떤 모습일지에 대해 각기 다른 개념을 갖고 있었다. 천년왕국의 삶이 구체성을 띠기 시작한 것은 급진 종교개혁 시기에 이르러서였다. 메리 케리(Mary Cary)의『작은 뿔의 몰락과 멸망Little Horn's Doom and Downfall』(1651)에는 다가올 유토피아가 상세히 묘사되었다. 그 무렵 그리스도교의 잠재적 급진성이 꽃을 피우고, 여러 유토피아가 상상되고 실천되었다.

최근의 그리스도교 신학

크리샨 쿠마르는『종교와 유토피아Religion and Utopia』에서 그리스도교와 유토피아 사이에 근본적인 모순이 있다고 지적했다. 유토피아는 이 세상에 관한 것인데, 많은 사람에게 종교는 주로 다음 세상에 관한 것이고, 따라서 유토피아는 이단적이라는 주장이다. 헝가리계 미국인 가톨릭 철학자, 토마스 몰나르(Thomas Molnar, 1921~2010)는 '유토피아 사상은 그 자체로 악하다'고 썼다.

유토피아니즘에 대한 신학적 반론은 옹호론에 비해 훨씬 단순하다. 기본적으로 그것은 유토피아니즘이 원죄에 대한 부인(否認)에 뿌리를 두고 있다는 일반적 가정에 근거하기 때문이다. 신학자 라인홀드 니버(Reinhold Niebuhr, 1892~1971)는 꾸준히 '근대 자유주의 문화의 유토피아적 망상과 감상적 일탈'을 비판했고, 그런 현상이 '실은 모두 원죄라는 사실을 부정하는 기본적 오류에서 파생된 것'이라고 분석했다. 아담과 하와는 하느님의 명령을 어겼고 그 벌로 에덴동산에서 추방되어 수고와 고통, 두려움과 죽음이 있는 삶으로 내침을 당했다. 이 형벌이 인간의 행위로 극복될 수 있다고 시사한다면, 그런 믿음은 이단일 수밖에 없다.

유토피아니즘에 대한 신학적 옹호론은 예수의 메시지와 사역에 근거한다. 예수의 메시지와 사역은 인간의 행위로 해결할 수 있는 인간의 문제들을 대상으로 삼은 경우가 많았고, 그런 면에서 유토피아적이었다고 해석된다. 파울 틸리히(Paul Tillich, 1886~1965) 같은 신학자들은 그리스도교의 유토피아적 요소들, 그중에서도 특히 종말론적 특징이 그리스도교가 가진 힘의 주된 원천이라고 주장했다. 또한 에른스트 블로흐 같은 마르크스주의 저술가들은 그리스도교의 종말론을 그들의 마르크스주의와 융합시켜, 비종교적 신학인 '희망의 신학'을 전개했다. 20세기 들어 사회복음운동(Social Gospel)과 그리스도교사회주의(Christian socialism)가 발달하고 공산주의 등 대안적 신념 체계와의 경쟁이 심각해지자, 유토피아니즘을 둘러싼 신학적 대립은 더욱 치열해졌다.

최근 그리스도교 신학계에서 가장 대표적인 유토피아 옹호론자는 파울 틸리히이다. 그는 "나는 유토피아의 근간이 인간성 자체에 있다는 사실을 논증할 수 있다고 믿는다"고 썼다. 틸리히가 보기에 우리는 인간이기 때문에 유토피안이다. 유토피아란, 그 무엇보다도, '인간 존재의 부정적 측면을 부인'하거나 거부하는 것이다. 모든 유토피아는 인간을 자신의 유한성을 극복하는 존재로 드러내는 수단이다. 유토피아는 진실이다. 왜냐하면 그것은 '인간의 본질, 인간 존재의 내적 목적을 표현하기 때문이다. 유토피아는 인간이 지닌 내재적 목적과 저마다 추구하는 미래의 성취를 보여준다'. 그러나 유토피아는 또한 허위이기도 하다. 왜냐하면 그것은 '인간의 유한성과 소외를 간과하기 때문이다. 유토피아는 유한자인 인간 안에는 존재와 비존재가 공존하며, 그러한 실존적 조건으로 인해 인간은 언제나 자신의 참존재로부터 소외되어 있다는 사실을 간과한다'. 더 나아가, 유토피아는 유익하기도 하고 무익하기도 한데, 왜냐하면 그것은 인류에게 새로운 가능성을 열어주지만, 동시에 불가능한 일들이 가능하다고 속삭이기 때문이다. 유토피아는 '주어진 상황을 바꿀 수 있으므로' 강력하지만, '불가피하게 환멸을 낳으므로' 무력하다. 유토피아가 언제나 필연적으로 '가능성과 불가능성' 사이에 걸쳐 있다는 틸리히의 결론에는 온건한 희망이 스며 있다.

유대인 철학자 마르틴 부버(Martin Buber, 1878~1965)는 『유토피아의 길Paths in Utopia』(히브리어본 1946년, 영문본 1949년)에서 유토피아니즘이 유대교와 그리스도교에서 차지하는 중요성을 지적하고, 두 종교의 메시아니즘을 현실 세계에 적용한 것이 바로 유토피아라고 주장했다. 그러나 그는 유토피아를 반드시 따라야 할 일종의 설계도로 변환하는 것은 위험하다고 경고했다.

유토피아는 대안적 미래를 제시함으로써, 당장의 권력 문제를 넘어서는 가치들로 자신을 정당화하라며 현재를 다그친다. 유토피아는, 삶은 인간을 위한 것이며 사회는 거기 속한 모든 사람의 만족을 위해 설계되어야 한다는 사실을 강조한다.

유토피아의 저항적 기능은 근래에 해방신학(Liberation Theology)〔1950~1960년대에 남미의 일부 가톨릭 사제들을 중심으로 발달한 실천적 신학으로, 정치·경제·사회적 억압으로부터의 해방을 강조했다―옮긴이)으로 확인됐다. 해방신학은 '빈자를 위한 편향성(Preferential Option for the Poor)' 원리에 선명한 유토피아적 비전을 담았고, 일종의 계획 공동체인 '기초 공동체(communautés de base)'를 사회 변혁의 근간으로 삼았다. 해방신학은 남미의 교회가 부자와 권력자를 지지하는 것에 공공연히 반대했고, 그 과정에서 특히 예수와 성 프란체스코의 평등주의에 호소했다. 해방신학의 아버지 중 한 명인 페루의 신학자 구스타보 구티에레스(Gustavo Gutiérrez, 1928~)는 그의 신학에 유토피아적 기능이 있음을 분명히 했다. 해방신학이 로마 가톨릭교회를 넘어(교황청은 해방신학을 억압했다) 프로테스탄트 교회, 특히 흑인신학(Black Theology) 쪽으로 확장되면서, 계급 문제에 인종과 (나중에는) 젠더 문제가 추가됐다.

오늘날 그리스도교 계열의 계획 공동체는 많다. 일부는 극히 보수적이고 일부는 매우 급진적이지만, 각자의 믿음에 따라 그리스도교가 자신들에게 요구하는 삶을 살고자 노력한다. 보수적인 공동체는 사회와 거리를 두는 경향이 있고, 급진적인 공동체는 직접 사회 문제에 관여하는 편이다.

그리하여 유토피아니즘을 이단으로 여기는 그리스도교인이 많음에도 불구하고, 그리스도교와 유토피아니즘의 긴밀한 관계는 계속되고 있다.

제 6 장

유토피아니즘과
정치이론

유토피아니즘은 불만족에서 시작하며, 만족이 가능하려면 일정한 조건이 갖춰져야 한다고 말한다. 가장 단순한 불만족은 가장 단순한 만족과 가장 기본적인(그러나 아직 세계의 많은 곳에서 달성되지 못한) 유토피아로 이어진다. 이를테면 허기를 채운 배, 벗은 몸을 감싼 옷, 비바람을 막아주는 집 같은 것이다. 그러나 일부 비판자들은, 두 차례의 세계대전과 캄보디아나 르완다의 집단학살 등, 20세기의 여러 문제와 유토피아니즘을 연결짓는다. 특히 공산주의와 국가사회주의, 그리고 가장 최근의 이슬람주의는, 그 추종자들이 보기에는 더 나은 삶으로 이어지는 길이었지만, 반대자들이 보기에는 20세기를 디스토피아로 만든 기저 원인이었다. 반면 옹호자들은, 유토피아니즘이 20세기의 극단적 상황들을 극복하는 데 지대한 역할을 했고, 문명의 지속에 필수적이며, 심지어 인간성의 핵심 요소라고 주장한다. 양편의 주장이 모두 어느 정도 옳다.

1989년에 베를린 장벽이 무너지고 동유럽과 소련에서 공산주의가 몰락한 후(중국, 쿠바, 라오스, 베트남에서는 여전히 공식 이데올로기다), 유토피아의 종식을 선언하는 저서들이 잇따라 출간됐다(1950년대에 이데올로기의 종말을 예측하는 글이 많았던 것과 비슷한 현상이었다). 그런 저서들은 유토피아의 반대자들이 옹호자들과의 대결에서 승리했다고 주장했다. 이 견해가 가장 우세했던 곳은 물론 독일이었다. 국가사회주의와 공산주의를 모두 경험한 많은 독일인들은 유토피아의 위협이 사라졌다고 믿으며 안도했다. 그러나 동시에 그들은 유토피아의 종식이 더 나은 삶으로 이어지리라 기대했다. 모든 독일인이 그런 기대가 실현됐다고 여기지는 않는다. 특히 다수의 구(舊)동독 지역민들은, 비록 가난하고 자유롭지 못했지만 경제적 안정감을 느낄 수 있었던(이는 완전히 정확하지도, 완전히 그릇되지도 않은 평가다) 공산주의 체제에서의 삶이 더 나았다고 생각한다. 그리하여 유토피아에 거의 도착할 무렵 그곳에 실망하고 또다른 유토피아—그곳 역시 실망스럽겠지만—를 향해 떠나는 모습이 다시 한번 확인된다. 유토피아 반대자들은 이 과정을 부정적으로 보지만 옹호자들은 긍정적으로 여긴다.

유토피아 반론

나는 내가 유토피아니즘이라 부르는 것이 매혹적인, 사실 지나치게 매혹적인 이론이라고 생각한다. 왜냐하면 내가 생각하기에 그것은 또한 위험하고 유해롭기 때문이다. 나는 그것이 자멸적이며 폭력을 부른다고 믿는다.

—칼 포퍼(Karl Popper)

대부분의 참상 뒤에는 거대한 유토피아적 몽상이 있다. 더 깨끗한, 혹은 더 순수한 사회라는.

—리처드 몰리카(Richard Mollica)

유토피아니즘에 반대하는 이들의 가장 일반적인 접근법은 유토피아적인 것과 완벽한 것을 동일시하는 것이다. 영어에서 '완벽'은 완성, 완전, 불변을 암시한다—그리고 인간의 일은 그 무엇이든 완성, 완전, 불변과는 거리가 있으므로, 그와 같은 동일시는 유토피아를 어리석거나 아니면 적어도 무모해 보이게 만든다. 정치이론가 주디스 슈클라는 '도덕주의자의 공예품인 유토피아는, 필연적으로, 불변하고 조화로운 완전체'라고 썼다. 런던정치경제대학 학장을 역임한 사회학자 랄프 다렌도르프(Ralf Dahrendorf, 1920~2009)는 이렇게 썼다. "플라톤의 국가로부터 조지 오웰의 1984년 멋진 신세계에 이르기까지, 모든 유토피아의 한 가지 구조적 공통점은 바로 변화가 결여된 사회라는 것이다." 그리고 폴란드 철학자 레셰크 코와코프스키는 사회적 유토피아의 '일반적 특징' 중 하나로 '완벽하고 영원한 인간적 형제애라는 관념'을 꼽았다.

그러나 유토피아가 스스로 완벽을 주장한 사례는 거의 없다. 포퍼가 인용한 유토피아 문헌에서 플라톤이나 마르크스도 자신들이 완벽을 논한다고 말하지 않았다. 플라톤은 『국가』의 상당 부분을 할애해 자신의 이상 국가가 필연적으로 무너진다는 사실을 설명했다. 또한 마르크스는 미래가 어떻게 펼쳐질지, 소외로부터 해방된 인간이 어떤 사회를 만들지에 대해, 자신은 알지도 못하고 알 수도 없다고 분명히 밝혔다. 그는 그런 사회를 『독일 이데올로기Die deutsche Ideologie』(1845~1846)에서 단 한 문장으로 설명했는데, 거기서 강조된 특성은 다양성과 변화다. H. G. 웰스가 『신과 같은 인간들Men Like Gods』(1923)에서 제시하는 유토피아는 엄청난 변화를 겪는다. 그는 그 유토피아의 표면적인 평온을 '꾸준한 물레방아 물줄기'에 비유한다. "소리 없이 쇄도하는 물줄기는 거의 멈춰선 듯 보이지만, 물방울이나 작은 거품, 나뭇가지나 잎사귀 같은 것이 순식간에 지나가면 비로소 그 속도가 드러난다."

유토피아 작품은 대개 어느 시점에 한 사회가 작동중인 모습을 포착한 사진이나 시선과 같다. 그 안에는 작가가 보기에 더 나은 것들, 현재의 장애물을 넘어서도록 해주는 것들, 변화를 향한 사람들의 열망과 행동을 독려하는 것들이 담겨 있다. 작가들은 대체로 유토피아 내부의 변화보다는 현상태에서 유토피아로의 변화를 그리는 데 더 능숙하며, 때에 따라서는 좋은 것에 함부로 손대면 안 된다는 생각에, 의도적으로 유토피아 내부의 변화를 제한하기도 한다. 하지만 모어의 유토피아인들이 그리스도교에 관해 알았을 때 그랬듯, 변화의 가능성을 환영하는 유토피아도 많다. 프랜시스 베이컨(Francis Bacon, 1561~1626)의 『뉴아틀란티스New Atlantis』(1627)를 전범으로 삼은 여러 작품에서 유토피안들이 (대체로 신원을 숨긴 채) 자기 나라에 유용할 만한 것들을 찾아 바깥세상을 탐험하는 것도, 변화에 대한 개방성을 시사한다. 역사는 유토피아의 도래로 끝나지 않는다. 더디더라도 변화는 일어나며, 따라서 역사는 계속된다.

반대자들의 또다른 주장은, 유토피아니즘은 모든 유토피아가 인간의 합리성에 근거한다고 전제하는데 사실 인간의 합리성은 그리 믿을 만하지 못하다는 것이다. 예루살렘 히브리대학의 근대사 교수인 야코브 탈몬(Jacob Talmon, 1916~1980)은 이렇게 말했다.

유토피아니즘은 습관이나 전통, 선입견 따위가 아니라 오직 이성만이 인간사의 유일한 기준이 될 수 있다는 가정에 근거한다. 그리고 이 가정은, 이성은 유일하고 배타적인 진실을 담고 있으므로, 수학과 마찬가지로 보편적 동의를 누려 마땅하다는 결말에 이른다. 그러나 이성이야말로 가장 오류에 빠지기 쉽고 불안정한 안내자다. 각양각색의 '이성들'이 등장해 저마다 유일하고 배타적인 정당성을 주장하더라도 그를 막을 도리가 없고, 그들 사이에 합의가 가능하지도 않거니와, 물리력 외에는 심판자도 있을 수 없기 때문이다.

포퍼 역시 비슷한 주장을 한다.

유토피아적 접근법은, 절대적이고 불변하는 하나의 이상이 존재한다는 플라톤적 신념에, (a)이 이상이 무엇이며 (b)그것을 실현할 최선의 수단이 무엇인지를 최종적으로 확정할 합리적인 방법이 존재한다는 두 가지 가정이 더해질 때만 비로소 구제될 수 있다.

이러한 견해는 17세기 영국 철학자 토머스 홉스(Thomas Hobbes, 1588~1679)가 『리바이어던Leviathan』(1659)에서 내세운 주장과 흡사하다. 그는 자연 상태에서의 삶은 '바른 이성'의 결여로 인해 '궁핍하고, 추하고, 험하고, 짧을 것'이라 했다.

홉스는 그러므로 '바른 이성'을 대신할 정부가 수립되어야 하며, 그것이 온전한 삶의 전제 조건인 안전을 보장할 수 있는 유일한 방법이라고 결론짓는다. 이런 이유로 어떤 이들은 『리바이어던』을 유토피아라 부른다.

포퍼는 그가 '유토피아적 사회공학' 대신에 '점진적 사회공학'이라 부른 신중한 개혁 과정을 옹호한다. 그는 우리가 유토피아적 접근법을 취하기보다는 '구체적인 악'을 제거하는 데 노력을 기울여야 한다고 주장한다. 그러면서 포퍼는 두 종류의 이성을 대조하는데, 그가 지지하는 종류는 합리적인 태도(reasonableness)[포퍼는 이것을 나와 의견이 다른 상대를 대할 때 지적인 겸허함을 유지하고 폭력에 의지하지 않는 자세라고 설명했다―옮긴이)로 나타나며, 다른 종류는 유토피아니즘으로 이끈다. 유토피아니즘의 이성은 이미 규정된 목적, 즉 유토피아를 필요로 하며, 그 목적과의 연계성에 비추어 어떤 대상의 합리성을 판단한다―말하자면 '목적이 수단을 정당화'하는 것이다.

포퍼와 같은 반대자들은 유토피아를 묘사하는 데 자주 '설계도'라는 단어를 사용한다. 역시 대부분의 유토피안들은 이 단어를 단호히 부정한다. 미국의 정치이론가 조지 케이테브(George Kateb, 1931~)는 "진지한 유토피아 사상가라면 누구나 설계도라든가, 삶의 모든 측면에 걸친 정밀한 제안이라든

15. 칼 포퍼(1902~1994)는 20세기의 가장 중요한 과학철학자 중 한 명이었다. 오스트리아에서 태어나 교육받았고, 학자로서는 주로 런던정치경제대학에서 활동했다. 저서 『열린 사회와 그 적들The Open Society and Its Enemies』(1945, 이후 판본 다수)은 그가 사회사상사와 정치사상사에 남긴 가장 큰 업적이다.

가 하는 개념을 불편해할 것"이라고 썼다. 말하자면 유토피아는 포퍼 같은 반대론자들이 말한 그런 공예품을 생산하지 않는다는 것이다.

그러나 유토피아니즘에 반대하는 이들이 완전히 틀린 것은 아니다. 그들은 타인에게 자기 의지를 강요할 권력을 가진 개인이나 집단이 특정 유토피아를 인류의 제반 문제에 대한 유일한 해결책으로 믿을 때 어떤 상황이 발생할 수 있는지를 지적한다. 그런 상황과 그 유토피아 사이에는 몇 단계 과정이 있다. 우선 그 유토피아가 이데올로기, 즉 하나의 신념 체계로 발전해야 하고, 또한 그것을 신봉하는 자들이 권력을 차지해야 한다. 러시아의 공산주의, 독일의 국가사회주의, 캄보디아의 폴 포트(1928~1998)가 그랬던 것처럼 말이다. 하지만 설령 유토피아의 이름으로 자행된 잔학행위들이 있고 그런 행위들로부터 몇 걸음 뒤에 실제로 유토피아가 있었다는 사실을 인정하더라도, 그 유토피아들은 결코 유토피아 반대론자들이 말하듯이 그렇게 세밀하지 않았다. 구체적인 부분이 군데군데 있긴 했어도 전체적으로 상당히 모호했다. 문제가 발생한 것은, 세부적인 빈자리를 채워넣고 그에 맞추어 사회를 정렬할 수 있는 권력이 특정인에게 주어지면서부터였다. 스코틀랜드 출신의 철학자이자 경제학자 애덤 스미스(Adam Smith, 1723~1790)가 다음과 같이 탁월하게 설명했다.

체제 신봉자는 (…) 스스로 매우 지혜롭다고 자만하는 경향이 있어, 자신이 품은 이상적인 통치체제의 주관적인 아름다움에 깊이 매료된 나머지, 어느 부분이든 거기서 조금이라도 어긋나는 것을 견디지 못하는 경우가 많다. 그는 자신의 계획에 걸림돌이 될지도 모를 중요한 이해관계나 강한 편견은 전혀 고려하지 않은 채, 그 계획을 세밀한 부분까지 완벽하게 수립해나간다. 마치 체스판의 말들을 배치하는 것만큼이나 손쉽게 거대한 사회의 다양한 구성원들을 움직일 수 있다고 생각하는 듯하다. 그는 체스판의 말들에게는 사람의 손이 가하는 것 외에 다른 운동 원리가 없지만, 인간 사회라는 거대한 체스판에서 모든 말은 각기 고유한 운동 원리를 가지며, 그 원리는 법률 입안자들에 의해 가해지는 것과는 완전히 별개라는 사실을 간과한다. 만약 양편의 원리가 일치하여 같은 방향으로 작용한다면, 인간 사회의 게임은 부드럽고 조화롭게 진행될 것이며, 그 사회는 만족스럽고 성공적일 가능성이 매우 높다. 만약 그 둘이 다르거나 반대로 작용한다면, 게임은 고통스러울 것이며, 사회는 언제나 극도로 혼란스러울 것이 분명하다.

독일의 철학자 이마누엘 칸트(Immanuel Kant, 1724~1804)의 절묘한 표현이 이 문제를 잘 드러내준다. "인간이라는 뒤틀린 목재에서 곧은 물건이 나올 수 없다." 말하자면, 문제는 '뒤틀린 목재와도 같은 인간'을 억지로 펴도록 강제할 의지와 권력을 가진 이들에게 있지, 세상이 더 나아질 수 있다는 믿음에 있는 것이 아니다. 그리고 포퍼조차도, 그가 '구체적인 악'의 제거를 주장했을 때는, '더 나은' 사회가 무엇인지에 대해서 분명 어떤 개념을 갖고 있었을 것이다. 그의 에세이집 『더 나은 세상을 찾아서In Search of a Better World』(1992)의 첫 문장은 (비록 책의 나머지 내용은 반反유토피아적이지만) '모든 살아 있는 존재는 더 나은 세상을 찾는다'이다.

그러나 사람들은 오도되기 쉽다. 작가 아서 케스틀러(Arthur Koestler, 1905~1983)는 1931~1938년에 공산주의자로 활동했는데, 그의 에세이 「요가수행자와 인민위원The Yogi and the Commissar」에 이런 말이 나온다.

유토피아는 가파른 산이고, 정상으로 오르는 길은 뱀처럼 굽이굽이 휘어져 있다. 길을 오르는 동안 당신은 한 번도 똑바로 정상을 향하지 않는다. 당신의 방향은 산과 접선을 이루며, 접선의 끝은 그 어디도 아니다. 거대한 군중이 그 길을 오를 때, 그들은 치명적인 관성의 법칙에 따라 그들의 지도자를 길에서 밀어내고 그러고도 계속해서 그의 뒤를 따른다. 그들의 운동 전체가 접점을 이탈해 그 어디도 아닌 곳으로 몰려가는 것이다.

케스틀러는 여기서 신념의 폐해, 특히 일부 신봉자들이 자신들의 지도자를 따라 디스토피아나 심지어 (존스타운의 집단 자살에서처럼) 죽음에까지 이르곤 하는 현상을 시사했다. 그는 대표작 『한낮의 어둠Darkness at Noon』(1940)과 공저 『실패한 신 The God That Failed』(1950)에서도 이 문제를 다루었다.

유토피아 옹호론

정치이론으로서 유토피아니즘의 결정적 특징은 인간 행복의 증진을 향한 뚜렷한 지향성이다.

— 굿윈(Goodwin), 테일러(Taylor)

나는 어째서 유토피아니즘의 혐의가 필연적으로 어떤 정치이론을 반대할 근거로 인식되는지 이해할 수 없다. 분명 도덕이론과 정치이론이 품어 마땅한 한 가지 포부는, 우리가 믿는다고 공언하는 가치들이 우리에게 어떠한 행동을 부과하는지를 보여주는 것이다.

— 퀜틴 스키너(Quentin Skinner)

유토피아니즘에 관한 반대론자들의 진술을 반박하면서, 그 옹호자들은 유토피아니즘이 인간에게 필수적이라고 주장하며, 심지어 인류를 '유토피아를 창조하는 동물'로 규정하기도 한다. 에른스트 블로흐는 도처에서 유토피아를 보았다. 저서 『희망의 원리Das Prinzip Hoffnung』(1955~1959, 영역본 1987년)에서 블로흐가 유토피아 분석의 출발점으로 삼은 것은, 우리가 백일몽을 꾼다는 사실, 그 몽상 속에서 유독 우리에게 부족한 부분을 소망한다는 사실이다. 그런 꿈은 대체로 우리 자신에게 집중돼 있고 우리의 필요와 부족을 채워주기 위한 도구로서만 타인을 결부시키므로, 딱히 유토피아적이라고 할 수는 없다. 그 꿈들은 기아 퇴치, 세계 평화, 만인의 평등과 자유가 아니라 음식, 섹스, 일이나 상사로부터의 해방과 관련될 확률이 높다. 그러나 그 두 차원은 긴밀히 연결돼 있다. 고전학자 M. I. 핀리(Moses I. Finley, 1912~1986)는 이렇게 말했다.

> 모든 유토피아적 사고에는 더 나은 삶과 더 나은 세상을 향한 공상이나 꿈, 혹은 적어도 갈망의 요소가 담겨 있다. 그리고 모든 인간은 자신과 가족을 위해 그런 꿈을 꾼다. 굳이 사회 일반이나 세상 전체를 위해서가 아니더라도 말이다.

그러나 백일몽은 우리를 그다지 멀리까지 데려가주지 못한다. 그것은 변화로의 안내자라기보다는 불만족의 징후다.

블로흐에게 유토피아는 '미래 지향적인 꿈'이며, '아직-아

16. 에른스트 블로흐(1885~1977)는 독일의 마르크스주의 철학자이다. 저서 『희망의 원리』(전3권, 1955~1959, 영역본은 1987년 발간)는 유토피아니즘의 총체적인 역사를 기술함과 동시에, 유토피아니즘이 정치사상에서 담당한 주요한 역할을 논증한다.

님(not-yet)'은 그가 이해하는 유토피아의 골자다. 여기서 핵심어는 '아직'이다. 유토피아는 가능성의 표현이기 때문이다. 블로흐는 '우리는 지치지도 않고 더 나은 무언가를 바라며' 우리에게 '부족한 것에 끊임없이 이끌린다'고 말한다. 하지만 막연한 바람은 방향 없이 흩어진다. 그것은 뚜렷한 욕구나 필요로 결집되어야 하며, 블로흐의 표현을 따르자면 '추상적 유토피아'로부터 '구체적 유토피아'로, 즉 인간의 현실과 동떨어진 유토피아로부터 그것과 연결된 유토피아로 이행해야 한다. 블로흐는 '추상적' 유토피아를 발생시키는 충동을 배제하지 않는다. 그는 낙관이 비관보다 낫다고 생각하며, '추상적' 유토피아는 희망(가능성 없는 희망이라 하더라도)을 표현한다고 믿는다. 그러나 역시 중요한 것은 '구체적' 유토피아, 즉 당면한 현실에 대한 이해에 기반하고 실제적인 사회 개선 가능성과 연결된 유토피아다.

비슷한 맥락에서, 네덜란드의 사회학자 프레데릭 폴락(Frederik L. Polak)은 '긍정적 미래상(未來像)'이라는 것을 묘사했고, 그것이 우리를 옳은 방향으로 이끌어준다고 주장한다. 폴락은 또한 '유토피아는 인간의 존엄을 우리 자신의 노력으로 증진하는 것을 목표로 삼는다'면서, 존엄을 성취하는 힘의 근간에 유토피아가 있음을 지적한다.

유토피아와 관련한 한 가지 중요한 문제는, 더 나은 사회질서가 더 나은 사람들을 만드느냐, 아니면 더 나은 사람들이 더 나은 사회질서를 만드느냐 하는 것이다. 어느 쪽이든, 어떻게 시작할 것인지가 관건이다. 전자라면, 더 나은 사회질서는 어디서 오며, 현재의 우리라는 사람들로도 그런 사회질서를 만들 수 있느냐는 두 가지 질문이 제기된다. 후자의 경우, 더 나은 사람들은 어디서 오느냐는 질문이 따른다.

더 나은 사람들을 만드는 더 나은 사회질서는 유토피아의 전형이다(유토피아니즘 반대론자들의 공격이 집중되는 대상이기도 하다). 이 관점을 취할 때, 유토피아 작품은 더 나은 미래를 위한 모델로 이용된다. 그것은 작가의 의도일 수도 있고 아닐 수도 있다. 에드워드 벨러미도 대표작 『뒤돌아보며』에 그런 의도가 있다고도 했고 없다고도 했다. 『뒤돌아보며』의 경우처럼, 유토피아는 추종자를 낳고, 추종자들은 그 유토피아를 부분적으로나마 현실로 옮기려는 사회적·정치적 운동을 일으킨다. 때로는 그같은 목적으로 계획 공동체가 건설되기도 한다. 계획 공동체를 설립하는 이들은 대개 성공적인 모델이 다른 사람들에게도 그 유토피아가 얼마나 바람직한지를 설득해주리라 기대한다. 『뒤돌아보며』를 모델로 삼은 공동체들도 생겨났는데, 막상 벨러미는 그에 반대했다.

더 나은 사람들이 더 나은 사회질서를 만들어낸다는 관점을 취할 때, 이 사람들이 어디서 오느냐의 문제는 흔히 종교로 해결된다. 그리스도교 유토피아 작품의 일반적인 주제 중 하나는, 사람들이 그리스도의 가르침을 실천하면 그러는 가운데 세상이 더 나아지리라는 것이다. 변화는 영감에 찬 목사 등 모범적인 인물과 그를 따르는 추종자들로 시작되곤 하는데, 찰스 M. 셸던(Charles M. Sheldon, 1857~1946)의 소설 『예수라면 어떻게 할 것인가In His Steps: 'What Would Jesus Do?'』(1897)가 그런 예다. 한편, 그리스도의 재림을 바탕으로 한 그리스도교 유토피아도 있지만, 재림을 이용한 풍자도 그 못지않게 흔하다—그리스도가 재림하더라도 사람들에 의해 배척되리라는 것이다. 러시아 소설가 표도르 도스토옙스키(1821~1881)의 『카라마조프 가의 형제들』(1880)에 등장하는 그 유명한 '대심문관' 장면에서처럼 말이다.

유토피아를 사실적으로 축조하는 의도는, 그것을 세부사항까지 있는 그대로 구현해야 할 사회상으로 내세우기 위해서가 아니라, 대안을 예시하는 하나의 도구로 활용하기 위해서다. 이런 의미에서, 유토피아는 현실을 그와 반대되는 모습으로 비춤으로써 그 결점을 드러내는 일종의 왜곡 거울이다. 그것은 어떤 식의 더 나은 삶이 가능한지를 보여주지만, 반드시 어떤 방식의 더 나은 삶이어야 한다고 규정하지는 않는다.

우리는 특정한 사회 속에서 그곳의 시각을 받아들이도록 사회화되므로, 자신의 상황에 대해 비판적으로 인식하기가 어렵다. 그래서 부자유를 자유로, 불평등을 평등으로, 불의를 정의로 규정하기도 한다. 지배적 신념 체계에는 사람들이 자기 상황의 실상에 눈멀도록 만드는 힘이 있다. 유토피아의 꿈은 현실 수용적인 시각을 깨뜨리려는 시도. 그것은 현상황이 완전히 잘못되었음을 알려주는 충격적인 경험일 수 있다.

이 시대의 두 사회이론가 프레드릭 제임슨(Fredric Jameson, 1934~)과 지그문트 바우만(Zygmunt Bauman, 1925~(2017))은 유토피아에 대한 오늘날 학계의 양면적 관점을 드러낸다. 제임슨은 『마르크스주의와 형식Marxism and Form』(1971)에서부터 『미래의 고고학Archaeologies of the Future』(2005)에 이르기까지 줄곧 유토피아를 자신의 사상에서 중요하게 다루어왔고, 유토피아니즘 일반과 다양한 유토피아 텍스트들을 두루 논의해왔다. 그는 미래의 변화에 대해 가능성을 열어둔다는 점에서 유토피아니즘을 긍정적으로 평가하지만, 동시에 '유토피아는 어느 정도 실패와 관련이 있으며, 완벽한 사회보다는 우리 자신의 한계와 약점에 대해 더 많은 것을 알려준다'고 주장한다. 그는 유토피아를 상상하려는 우리의 시도는 대체로 유토피아의 불가능성을 드러내며, 그것은 문화와 이데올로기가 우리를 현실에 가두고 무엇이든 급진적으로 다른 것을(심지어 더 나은 것이라 해도) 상상하지 못하도록 방해하기 때문이라고 강조한다. 하지만 동시에 그는 젠더 지배나 계급적 위계 구조가 사라진 세상을 상상하고자 노력한 페미니스트 유토피아나 사회주의 유토피아의 중요성을 예로 들며, 그러한 시도를 계속하는 것이 어째서 바람직한지를 역설한다.

바우만은 이와는 다소 다른 관점에서 비슷한 주장을 펼친다. 그는 『사회주의: 생동하는 유토피아Socialism: The Active Utopia』(1976)에서 유토피아는 완벽해질 수 있다는 가능성과 그 과정에 관한 것이지, 완벽함이라는 종착점에 관한 것이 아니라고 주장했으며, 또한 유토피아는 "일상적이고 평범하고 '정상적'인 것들의 일견 압도적인 정신적·육체적 지배"로부터 벗어나도록 우리를 돕는다는 점에서 해방적이라고 했다. 후에 그는 '고체적인(solid)' 근대성—그는 이것을 '액체적인(liquid)' 탈근대성과 대비한다—의 시대에는 사실 유토피아들이 완벽함을 강조했다면서, 근대적 유토피아를 이렇게 설명한다.

유토피아는 면밀히 관찰, 추적, 운영되고 하루 단위로 관리되는 세계의 비전이다. 무엇보다도 그것은 미리 설계된 세계, 예측과 계획을 통해 우연의 효과가 차단되는 세계의 비전이다.

그러나 그는 여전히 유토피아가 인간성의 근원적 측면이라고 주장한다.

'있는 그대로의' 삶을 '마땅히 그러해야 할' 삶(말하자면 알고 있는 삶과 대비되는 상상하는 삶, 특히 알고 있는 삶보다 더 낫고 더 바람직할 것으로 기대되는 삶)에 비추어 평가하는 것은 인간의 결정적이고 본질적인 특성이다.

그는 탈근대적 유토피아도 좋아하지 않는다. 그가 보기에 그것은 사유화되고, 소비적이며, 개인적이고, 외로운 유토피아다.

하나하나가 소비자의 기쁨을 위해 맞춤 제작된다—소비자들이 좋아하는 다른 모든 것들과 마찬가지로, 온전히 개인적이고 외로운 즐거움을 제공하도록 고안되는 것이다. 심지어 그것을 여럿이 함께 즐길 때조차도 말이다.

더구나 한때 자신이 옹호했던 종류의 유토피아에 대해서도 분명 더는 마음이 편치 않다. 근대성의 시대에,

이성의 도시에는 구불구불한 길도, 막다른 골목도, 계획 없이 방치된 공간도 없었다—따라서 떠돌이도, 부랑자도, 유랑민도 없었다.

바우만은 일찍이 특정 유토피아의 열렬한 지지자로 출발했으나, 이제는 그 유토피아와 더불어 현재 그의 주변을 둘러싼 유토피아들도 모두 거부한다. 그럼에도 그는 여전히 인간의 실존, 인간을 인간답게 만드는 것의 근간에 유토피아니즘이 있다고 여긴다. 바로 이것이 유토피아 옹호론의 핵심이다. 구체적인 유토피아들에 관해서라면, 그것들 모두에 대해 반감을 품어도 상관없다. 하지만 지금보다 훨씬 더 나은 사회의 가능성에 대한 지속적인 믿음은 여전히 중요하다.

세계화

세계주의자와 반세계주의자 사이의 논쟁은 일종의 유토피아 논쟁이다. 양편 모두, 미래의 세계가 어떤 모습이어야 하며 어떤 방법으로 거기에 도달해야 할지에 대한 비전을 내세우기 때문이다. 글로벌 유토피아—어떤 이들은 디스토피아라 부르기를 선호하겠지만—에는 몇 가지가 있다. 가장 잘 알려진 것은, 자유무역과 자유시장으로 전세계를 경제적으로 통합하는 유토피아다. 자본가와 주요 강대국들은 모두 이 유토피아를 지지하면서도 그것이 자신과 자국에 불리하게 작용하는 경우에는 보호주의와 규제에 찬동한다. 예컨대, 미국은 자유무역을 적극 옹호하지만, 한편으로는 자국의 산업을 보호하고 농민들에게 보조금을 지급하며, 동시에 유럽연합이 그들의 농민들에게 보조금을 지급하는 것에 강력히 반대한다. 자유시장은 그것이 자국에 혜택을 가져다주는 한에서만 위대하다. 이 유토피아는 자유시장과 자유무역이 언제나 긍정적인 결과만을 낳는다는 믿음에 근거하며, 따라서 우리가 오늘날 너무나 잘 알고 있는 사실, 즉 시장이란 올라가는 때가 있으면 내려가는 때도 있다는 사실은 간과된다. 지지자들은 이 유토피아에서 모든 사람이 혜택을 본다고 주장한다. 세계화는 시장개방/자유화 및 세계 시장 통합을 통해 모든 이들에게 경제적 혜택을 가져다주고 민주주의의 확산에 기여한다는 것이다.

또다른 글로벌 유토피아는 반세계주의 운동에 기반을 두는데, 사실 **글로벌** 유토피아라는 정의로 다 품을 수 없을 만큼 복합적인 개념이다. 반세계주의 운동을 구성하는 집단들은 수백, 어쩌면 수천에 달하며, 매우 상이한 동기를 가지기 때문이다. 본질로 보아 이 유토피아는 인간적(혹은 인도적)이라 하겠으나, 동물권(animal rights) 운동과 심층 생태주의(deep ecology)와도 연관이 있으므로 '인간'을 암시하는 어근은 지나치게 한정적이다. 이 유토피아는 고통과 쾌락을 느끼는 모든 존재, 혹은 (심층 생태주의 관점에서) 생물권 전체를 위한 더 나은 삶을 꿈꾼다는 의미에서 전지구적이다.

이 유토피아는 꽤 기본적인 모순을 몇 가지 내포한다. 가장 단순한 차원에서는, 동물이나 생물권에 정당한 몫을 보장하려면 인간의 수가 크게 줄어들어야 한다. 더욱 복잡한 차원에서는 개발도상국들이 자국민에게 더 나은 삶을 제공할 수 있으려면 선진국의 개발은 상당 부분 되돌려져야 할 것이다.

미국의 문학이론가 마이클 하트(Michael Hardt, 1960~)와 이탈리아의 급진적 정치이론가 안토니오 네그리(Antonio Negri, 1933~)가 공동 저술한 『제국Empire』(2000), 『다중 Multitude』(2004), 『공통체Commonwealth』(2009) 연작은 좌파와 우파, 세계주의자와 반세계주의자 모두에게서 지지와 공격을 받았다. 『제국』에서 그들은 국민국가의 시대가 지고, 영토에 기반을 두지 않는 '세계적 형태의 새로운 주권체(sovereignty)'가 탄생했다고 주장한다. 그들은 과거 마르크스가 자본주의는 공산주의로 발전해가는 과정에서 필연적으로 거쳐야 할 단계라고 주장했던 것과 마찬가지로, 그들이 '제국'이라 지칭하는 것 역시 필연적인 발전 단계라 주장한다. 그리고 자본주의가 그 이전의 사회체제들보다 나았던 것과 같은 의미에서, 제국 역시 국민국가 기반의 주권체보다는 더 낫다고 주장한다. 『제국』의 몇몇 주장은 이미 낡은 것이 되어버렸다. 이제 더는 미국을 '세계적인 무력행사와 관련한 헤게모니'를 가진 유일한 초강대국으로 보기 어렵기 때문이다. 하지만 이로 인해 수정되는 것은 세목일 뿐, 그들의 기본적인 주장에는 변동이 없다.

그들은 제국이 자본주의와 마찬가지로 스스로 자멸의 씨앗을 만든다고 주장한다는 점에서도 마르스크와 유사하다. 그들은 이 씨앗을 '다중'이라 부르는데, 세계적인 반세계주의 운동과 매우 흡사하나 같지는 않다. 『공통체』에서는 '공통재(the commons)'가 강조되는데, 그들은 이 개념을 지구와 그 자원뿐만 아니라 '사회적 생산의 결과물로서, 사회적 상호작용과 추가적인 생산에 필수적인 것들, 이를테면 지식, 언어, 규정, 정보, 감정 같은 것들'도 포괄하는 넓은 개념으로 정의한다. 그들은 어떤 종류의 공통재건, 개인들이나 특정 강대국이 소유하기보다는, 한때 여러 문화권에서 토지가 그러했듯, 공동으로 사용할 수 있어야 한다고 주장한다.

세계주의를 지지하지만 오늘날의 세계화 과정에는 반대하는 이들도 있다. 예를 들어, 세계은행의 선임 부총재 겸 수석 경제학자였고 2001년 노벨경제학상을 공동 수상했던 조지프 E. 스티글리츠(Joseph E. Stiglitz, 1943~)는 세계화가 긍정적인 힘이 될 수 있다고 믿으며, 그렇기 때문에 현재 진행중인 세계화를 신랄하게 비판한다.

여기서 마지막으로 짚고 넘어갈 중요한 문제는, 세계주의와 유토피아에 관한 사람들의 견해가 각자의 상황에 따라서 결정된다는 사실이다. 만약 당신에게 여전히 수입이 있다고 가정한다면, 당신이 몇몇 제품을 구매하는 비용은 다른 사람들이 실직을 한 덕분에 내려갈 것이다. 이것이 시장 중심 세계주의자들이 생각하는 방식이다. 그러나 그렇게 실직한 사람들이 그들을 주 고객으로 하는 상점과 카페, 주점에 미칠 파급 효과를 생각해보자. 영세한 자영업자들이 도산하고, 그 직원들이 일자리를 잃고, 그들이 돈을 쓰던 곳 역시 타격을 받고, 2008 ~2009년에 목격했듯 주택담보대출금을 갚지 못해 집이 압류되고, 은행이 무너질 것이다.

이러한 이유로, 다중이 스스로를 하나로 인식하기란, 생존을 위해 서로 경쟁하는 관계로 인식하기보다 훨씬 어렵다. 이는 정확히 시장 세계주의자들이 바라는 바다. 나는 여전히 세계화에 유토피아적 가능성이 있다고 본다. 하지만 그 가능성은, 지리학자이자 사회이론가인 데이비드 하비(David Harvey, 1933~)의 표현을 빌리자면, 각자의 지역에서 희망의 공간을 만드는 세계적인 반세계화 운동에서 찾아야 한다. 구호를 외친다고 해서 사유재산이 역사 속으로 사라지지는 않을 것이다. 그것은 우리가 수사(修辭)에 속지 않고 저항의 네트워크를 조직하여 실제적 행동에 나섬으로써만 가능하다.

제 7 장

유토피아와
이데올로기

'이데올로기'라는 단어는 1794년경에 프랑스 사상가 앙투안 데스튀트 드트라시(Antoine Destutt de Tracy, 1754~1836)가 관념을 다루는 새로운 과학(으로 발전하기 바랐던 것)을 지칭하기 위해 만든 말이었다. 그 본래의 의미는 대중화하지 못했지만, 사람들은 주로 누군가의 신념이 자신과 타인을 오도하는 양상을 부정적으로 묘사하는 데 그 단어를 사용하기 시작했다. '유토피아'는 물론 그보다 훨씬 먼저 만들어졌지만, 두 용어는 서로 연결되었다. 그런데 그 연결 방식에는 혼동의 소지가 있다. '이데올로기의 시대'라 불린 20세기에, 유토피아는 이데올로기와 대조되는 말로도, 호환되는 말로도 쓰였다. 예를 들어, 20세기의 가장 중요한 이데올로기 중 하나인 공산주의가 무너지기 시작했을 때, 그것은 곧잘 유토피아의 종식으로 불렸다.

칼 만하임은 독일어로 쓴 『이데올로기와 유토피아Ideologie und Utopie』(1929)와 대폭 수정된 영문본 『이데올로기와 유토피아: 지식사회학 개론Ideology and Utopia: An Introduction to the Sociology of Knowledge』(1936)에서 유토피아와 이데올로기를 최초로 연결한 인물이다. 만하임이 보기에 이데올로기와 유토피아는 사람들이 사고하는 방식과 그 원인을 이해하는 데 필수적이었다. 그는 그 주제에 대한 객관적 연구를 가능하게 해줄 비(非)평가적(non-evaluative) 개념을 찾고 있었다.

그는 우리가 가진 관념과 사고방식, 그리고 거기서 비롯되는 신념들이 모두 각자의 사회적 상황에 영향을 받는다고 주장했다. 그는 권력을 가진 자들의 신념을 이데올로기로, 체제 전복을 꾀하는 자들의 신념을 유토피아로 불렀다. 어느 쪽이든, 사람들의 신념은 자신이 처한 상황의 실상을 은폐하거나 위장한다—이데올로기는 권력자들이 제 입지의 약점을 인식하지 못하도록 방해하고, 유토피아는 약자들이 체제 변혁의 난관을 인식하지 못하도록 방해한다. 또한 두 신념은 상대방 입장의 강점을 보지 못하도록 막는다.

만하임은 각기 다른 시기에 쓴 글들을 체계적 수정 없이 한데 모으는 경향이 있어서 핵심 개념들에서 일관성이 부족했

17. 칼 만하임(1893~1947)은 헝가리 태생의 사회학자였으나, 공산정권의 통치가
점차 가혹해지자 독일로 망명했고, 독일에서는 국가사회주의 정권을 피해 영국
으로 망명했다. 그는 지식사회학의 주요 창시자였다. 그의 1929년 저서 『이데
올로기와 유토피아』는 세계를 이해하는 상이한 방식으로서 '이데올로기'와 '유토
피아' 개념을 병치했다.

지만, 그의 독일어판 『이데올로기와 유토피아』는 1929년 출간 당시부터 지성사의 주요한 사건으로 여겨졌고, 찬사와 혹평을 동시에 불러일으켰다. 영어권 학계의 독자들을 위해 1936년에 낸 영문 개정판에서 만하임은 서론과 세밀한 목차를 생략했고, 지식사회학에 관한 소개와 에세이들을 추가했다. 독일어판은 부제가 없었지만, 영문본에는 '지식사회학 개론'이라는 부제가 붙었다. 추가된 내용은 대개 지식사회학을 설명하고 수정된 원문을 지식사회학의 맥락 안에 배치하기 위한 것들이었다.

개정된 『이데올로기와 유토피아』에서 만하임은 이데올로기와 유토피아가 모두 정치적 갈등에서 비롯된다고 주장한다.

'이데올로기'라는 개념은, 정치적 갈등 과정에서 드러난 한 가지 사실, 즉 통치 집단은 제 이익에 부합하는 일정한 상황에 사고가 얽매인 나머지, 자신들의 지배의식을 약화할 소지가 있는 특정 사실들은 아예 인식하지 못할 수도 있다는 사실을 반영한다. (…) 유토피아적 사고라는 개념은, 정치적 투쟁에서 드러난 반대편 사실, 즉 일부 피억압 집단은 주어진 사회적 조건의 해체나 변혁에 대한 지적인 열망이 지나친 나머지, 자기도 모르게 현상황 속에서 그것을 부정하는 경향이 있는 요소들만을 보게 된다는 사실을 반영한다. 그러한 사고로는 실재하는 사회적 조건을 정확히 진단할 수 없다. 실재하는 것이 무엇인지는 그들의 관심 밖이다. 그들의 사고는 이미 그것의 변화를 꾀하고 있다.

그러나 신학자 파울 틸리히가 1929년 독일어판 서평에서 말했듯이, "유토피안들은 자신들의 관념이 실제가 아니라는 것을 알면서도 언젠가 실제가 되리라는 믿음을 갖고 있다. 전형적인 이데올로기 신봉자들에게는 이러한 인식이 없다".

만하임의 논의는 이데올로기에 집중된 듯이 보이나, 그는 계속해서 유토피아의 중요성을 지적하며, 궁극적으로는 유토피아가 이데올로기보다 더 중요하다고 주장한다.

이데올로기의 몰락으로 인한 위기는 특정 계층에 한정되지만, 이데올로기가 폭로됨으로써 얻어지는 즉물성은 언제나 사회 전체의 자기 명료화를 가져온다. 이에 반해, 인간의 사고와 행위에서 유토피아적 요소가 완전히 사라진다는 것은, 인간의 본질과 발전의 성격이 완전히 달라짐을 의미할 것이다. 유토피아의 소멸은, 인간이 사물로 전락하는 정태적 상황을 야기할 것이다.

이데올로기와 유토피아를 함께 논한 이들이 있었고, 일부 학자들은 이데올로기나 유토피아에 대한 우리의 이해에 지대한 공헌을 했지만, 만하임 이후로 두 개념은 대개 별도로 논의

되었다. 그러나 프랑스 철학자 폴 리쾨르(Paul Ricœur)가 그의 1975년에 강의에서 그 둘을 다시 한데 모았다. 리쾨르는 이데올로기와 유토피아 모두 긍정적인 특성과 부정적인 특성을 동시에 보인다고 주장했다. 이데올로기의 부정적 형태는 왜곡이고, 유토피아의 부정적 형태는 공상이다. 이데올로기의 두 가지 긍정적 측면은 '정당화'와 '통합 또는 정체성'이며, 그에 상응하는 유토피아의 긍정적 측면은 '대안적 권력 형태의 제시'와 '가능성의 탐험'이다.

이데올로기는 이야기를 들려준다. 이 이야기는 해당 집단의 존재와 신념을 정당화 또는 합법화하며, 그러는 가운데 그 집단에 정체성을 부여한다. 그러나 무릇 이야기란 실제로 일어난 일의 왜곡이며, 이 왜곡을 '폭로'하는 것은 중요한 작업이다.

리쾨르의 핵심적인 연구 주제는, 만하임의 경우와 마찬가지로, 이데올로기의 만연한 영향력과 집단 내부로부터 그것을 인식할 방법이다. 리쾨르의 표현대로, "우리는 이데올로기에 관해 생각하기보다는, 이데올로기의 관점에서 생각한다".

만하임은 사회 계층 간의 이동, 특히 '자유 부동 지식인 (free-floating intellectuals)'의 이동이 상황을 외부자의 시각으로 이해할 수 있게 한다고 생각했고, 유토피아가 이데올로기를 교정해줄 수 있다고 주장했다. 리쾨르는 이데올로기를 허무는 유토피아의 기능에 주목했다.

18. 프랑스 철학자 폴 리쾨르(1913~2005)는 20세기 후반의 가장 중요한 철학자 중 한 명으로 손꼽힌다. 그는 1968년부터 1992년까지 시카고 대학에서 존 누빈 특훈교수(John Nuveen Professor)로 철학적 신학을 연구했고, 이데올로기와 유토피아나 양자의 관계에 관해 여러 차례 강의했다.

'어디에도 없는 곳'으로부터 현상황에 대한 가장 강력한 회의가 생겨난다. 따라서 유토피아는, 그 근원적인 핵심에 있어서, 우리의 첫번째 개념인 사회 통합적 기능으로서의 이데올로기와 완벽한 대조를 이루는 것으로 보인다. 유토피아는, 이데올로기와 정반대로, 사회 전복적 기능을 수행한다.

그는 유토피아 덕분에 이데올로기의 자장을 벗어나지 않고도 그것을 비판하는 것이 가능하다고 말한다.

나는 이렇게 확신한다—우리를 집어삼키는 이데올로기의 순환고리를 빠져나올 유일한 방법은, 유토피아를 상정하고, 그것을 선언하며, 그것에 비추어 이데올로기를 판단하는 것이다. 철저한 방관자(만하임이 말한 '자유 부동 지식인'—지은이)란 불가능하므로, 판단은 그 과정 내부에 있는 누군가의 몫이다.

리쾨르는 어디에도 없는 곳인 유토피아의 관점에서 보자면, 이상한 것은 우리의 현실이라고 주장한다. 그의 표현대로, "대안적 사회에 대한 공상과 그것을 구체화한 '어디에도 없는 곳'은 현상황에 대한 가장 강력한 반박으로 기능하지 않는가?" 유토피아는 다른 대안들이 있다고 말함으로써 이데올로기를 폭로하는 힘이 있으며, 그것은 유토피아의 긍정적인 측면 중 하나다. 그리고 이데올로기에 도전하는 유토피아의 힘은, 리쾨르가 보기에, 사회를 건강하게 복원한다.

리쾨르는 유토피아가 대안적인 권력 배분 방식을 제시한다는 점에 특히 관심이 많다. 때로 그는 유토피아를 주로 권력의 관점에서 바라보는 듯하며, 실제로 이것을 유토피아의 두 가지 긍정적 측면 중 하나로 부각했다. 이데올로기와의 관계에서 볼 때 충분히 그럴 만하다. 이데올로기의 기능은 현재의 권력 배분을 지지하는 것이고, 유토피아의 역할은 그것을 전복하는 것이다.

리쾨르는 유토피아보다 이데올로기에 대한 논의에 더 많은 시간을 할애하지만, 궁극적으로는 유토피아가 이데올로기보다 더 중요해 보인다. 그러나 분명 그 둘은 영향을 주고받고 서로를 변화시킨다.

오늘날에도 여전히 이데올로기는 누군가의 신념이 실상을 흐리는 상황을 부정적으로 일컫는 데 사용되지만, 동시에 사회과학자들은 이 말을 한 사람의 세계관을 형성하는 주로 정치적인 신념들의 체계를 지칭하는 데 사용한다. 그리하여 이데올로기는, 대체로 유토피아와는 별개로, 국내외 정치의 장에서나 정치적 사고방식에 대한 연구의 장에서나 중요한 논의 주제가 되었다.

이데올로기와 유토피아는 긴밀히 연결돼 있다. 모든 이데올로기는 그 심장에 유토피아를, 즉 그 이데올로기의 희망이 실현되었을 때 어떤 세상이 펼쳐질지에 대한 긍정적인―때로는 모호하고 때로는 꽤 세밀한―그림을 품고 있다. 또한 유토피아가 이데올로기가 되는 것도 가능하다. 유토피아가 이데올로기가 되는 과정은 그다지 명확하지도 않고 각각의 경우에 따라서도 분명 차이가 난다. 하지만 만약 어떤 유토피아가 충분히 매력적이고 강력하다면, 그것은 희망과 열망을 신념과 행동으로 변화시킬 수 있고, 그렇게 조직된 정치적·사회적 운동은 그 유토피아를 현실화할 수 있을 것이다. 대부분의 유토피아는 이런 과정을 거치지 않고, 거친다 하더라도 대체로 실패한다. 만약 어떤 유토피아가 하나의 신념 체계가 되고 작은 공동체나 한 국가, 더 나아가 몇몇 국가에서 권력을 쟁취하는 데 성공한다면, 그 과정에서 그것은 거의 틀림없이 이미 하나의 이데올로기가 되었을 것이다. 그 단계라면, 그것은 하나 이상의 유토피아로부터 도전을 받고 있을 테고, 그 유토피아들은 어쩌면, 가능성이 높지는 않으나, 그 이데올로기를 전복하는 데 성공할지도 모른다. 만하임과 리쾨르가 주장하듯이, 유토피아는 이데올로기에 도전하는 방식이다.

결론

미 의회 도서관장을 역임했던 시인 아치볼드 매클리시 (Archibald MacLeish)의 말이다.

진실을 말하자면, 그 무엇도 유토피아를 대체할 수 없고 그 무엇도 희망을 대신할 수 없으며, 인간이 자신의 미래를 창조할—여기에 비용이 얼마나 들건—권리를 포기하고 공산주의나 자본주의 신봉자들의 강권에 따라 뻔한 경제 규칙에 자신을 내어주는 순간, 삶은 그들에게서 빠져나간다.

그리고 폴란드 철학자 레셰크 코와코프스키는 이렇게 썼다.

인간이 사회 전체를 아우르는 모종의 계획을 마련하고 공학적 수단을 통해 조화와 정의, 풍요를 달성할 수 있다는 무리한 상상은, 독재로의 초대장이다.

'유토피아'라는 말은 특정한 시간과 장소에서 기원했지만, 유토피아니즘은 모든 문화적 전통에 존재해왔다. 어느 곳에서든, 유토피아니즘은 더 나은 삶을 향한 희망을 밝혀주었지만, 개선안의 구체적인 내용과 (때에 따라서는) 실현 가능성에 대해서는 의문이 제기되었다. 유토피아니즘은 최선을 다해 실제적인 개선을 달성하도록 사람들을 독려했지만, 사익을 위해 권력과 명성, 부를 차지하려는 누군가에 의해 남용되기도 했다. 일부 유토피아는 디스토피아가 되어버렸고, 그 디스토피아를 물리치기 위해 다른 유토피아가 동원되기도 했다. 그러므로 유토피아는 인간에게 필수적이면서도 잠재적으로 위험하다.

유토피아니즘의 힘과 위험을 모두 인식하게 된 작가들과 이론가들은, 모호하고 덜 단정적이며 더욱 복합적인 유토피아를 제시해왔다. 그런 유형의 유토피아를, 노벨문학상을 수상한 알제리 출신의 프랑스 작가 알베르 카뮈(Albert Camus, 1913~1960)는 '상대적 유토피아'라 불렀고, 손꼽히는 자유주의 철학자 존 롤스(John Rawls, 1921~2002)는 '현실적 유토피아'라 불렀다. 이러한 접근법은 유토피아의 커다란 위험 중 하나—그것을 지나치게 진지하게 받아들이는 것—를 피하게 해준다. 우리는 열정적인 신념을 가질 수 있어야 하지만, 동시에 자신의 신념이 터무니없음을 인식하고 비웃을 줄도 알아야 한다.

유토피아는 그리스 비극에 비할 만하다. 오만한 인간은 유토피아의 죄를 짓고 제 분수를 넘어선다. 따라서 인간은 네메시스를 마주해야 하고, 유토피아의 달성에 실패해야 하며, 감히 유토피아를 탐낸 뻔뻔함에 대해 대가를 치러야 한다. M. I. 핀리가 말하듯이, 사회 개혁을 위한 운동은

가장 잘된 경우에도 결국 유토피아를 이루지 못하고, 어김없이 실망을 가져온다. 사회 변혁 운동과 그 밑바탕의 유토피아니즘에 대한, 인간 진보의 가능성에 대한, 선을 이룰 인간의 잠재력에 대한 비판의 목소리가 커진다.

희망, 전적이거나 부분적인 실패, 낙담과 희망의 폐기, 그리고 시간이 흐른 뒤, 희망의 회복. 거의 불가피하다시피 한 이 변증법적 과정은 사회 변혁의 기본 경로이자 아마도 (앞선 희망과 낙담의 논리에서 각각 일부를 취해 결합하는) 유토피아의 실질적 논리일 것이다. 이 변증법은 우리 인간성의 일부다. 유토

피아는 희망찬 삶에 대한 비극적 비전이며, 이 비전은 언제나 실현되며 또 언제나 실패한다. 우리는 희망하고, 실패하고, 그런 다음 다시 희망할 수 있다. 거듭되는 실패를 감내하는 가운데, 우리가 건설하는 사회는 점점 더 나아질 것이다.

참고문헌

서론

첫머리 인용문의 출처는 다음과 같다.

Marge Piercy, *He, She and It* (New York: Alfred A. Knopf, 1991; UK edn. as *Body of Glass* (London: Michael Joseph, 1992)).

Oscar Wilde, *The Soul of Man under Socialism* (Boston: John W. Luce, 1910); originally published in *The Fortnightly Review*, 55 (ns49) (February 1891): 292-319. (오스카 와일드, 「사회주의에서의 인간의 영혼」, 『거짓의 쇠락』, 박명숙 옮김, 은행나무, 2015.)

Immanuel Wallerstein, *Utopistics: or Historical Choices of the Twenty-First Century* (New York: The New Press, 1998). (이매뉴얼 월러스틴, 『유토피스틱스―또는 21세기의 역사적 선택들』, 백영경 옮김, 창비, 1999.)

Max Beerbohm, 'In a Copy of More's (or Shaw's or Wells's or Plato's or Anybody's) Utopia', *Max in Verse: Rhymes and Parodies by Max Beerbohm*, collected and annotated by J. G. Riewald (Brattleboro, VT: The Stephen Greene Press, 1963), 54; 이 문구가 작성된 시기는 1910~1915년으로 추정된다.

Thomas Babington Macaulay, 'Lord Bacon', *The Works of Lord Macaulay*, 6 vols (Boston: Houghton Mifflin, 1943).

Alphonse Marie Louis de Prat de Lamartine, *Histoire des Girondins* (Bruxelles: Société de Belge, 1850).

토머스 모어, 『유토피아』의 초판 서지 사항은 이렇다. *Libellus vere aureus nec minus salutaris quam festivus de optimo reip[ublicae] statu, deq[ue] noua Insula Vtopia* (Louvain, Belgium: Arte Theodorice Martini, 1516). 현재 출판돼 있는 영역본은 다양하다. *Utopia: A Revised*

Translation, Backgrounds, Criticism, 2nd edn., tr. and ed. Robert M. Adams (New York: W. W. Norton, 1992)에는 이 책에 관한 다량의 추가 자료가 실려 있다. *Utopia*, tr. Paul Turner, revised edn. (Harmondsworth: Penguin, 2003)에는 원문의 풍자와 말장난이 선명히 드러나 있다. (토머스 모어, 『유토피아』, 김남우 옮김, 문예출판사, 2011.)

Leszek Kołakowski, 'The Death of Utopia Reconsidered', *The Tanner Lectures on Human Value*, vol. 4, ed. Sterling M. McMurrin (Salt Lake City, UT: University of Utah Press/Cambridge: Cambridge University Press, 1983), 227–47; reprinted in his *Modernity on Endless Trial* (Chicago: University of Chicago Press, 1990), 131–45. 강연은 1982년 6월 22일 호주국립대학교에서 있었다.

Lyman Tower Sargent, 'The Three Faces of Utopianism Revisited', *Utopian Studies*, 5.1 (1994): 1–37.

Ruth Levitas, *The Concept of Utopia* (Hemel Hempstead: Philip Allan/Syracuse, NY: Syracuse University Press, 1990).

Darko Suvin, 'Defining the Literary Genre of Utopia: Some Historical Semantics, Some Genealogy, a Proposal and a Plea', *Studies in the Literary Imagination*, 6 (Autumn 1973): 121–45; reprinted in his *Metamorphoses of Science Fiction: On the Poetics and History of a Literary Genre* (New Haven, CT: Yale University Press, 1979), 37–62.

제1장

첫머리 인용문의 출처는 Teleclides, *Amphictyonies* quoted in Athenaeus, *The Learned Banqueters*, VI: 268b–d, ed. and tr. S. Douglas Olson, 7 vols (Cambridge, MA: Harvard University Press, 2008), 3: 235; 그리고 Diodorus Siculus, *Bibliotheca Historiae*, 58, tr. in Ernest Barker, *From Alexander to Constantine* (Oxford: Clarendon Press, 1956), 63.

Lewis Mumford, *The Story of Utopia* (New York: Boni and Liveright, 1922; reprinted in New York: Viking Press, 1962, 저자 서문 개정). (루이스 멈퍼드, 『유토피아 이야기』, 박홍규 옮김, 텍스트, 2010.)

Lyman Tower Sargent, 'The Three Faces of Utopianism Revisited', *Utopian Studies*, 5.1 (1994): 1–37.

Hesiod, 'Works and Days', *Theogony, Works and Days, Testimonia*, ed. and tr. Glenn W. Most (Cambridge, MA: Harvard University Press, 2006; Loeb Classical Library 57). (헤시오도스, 「노동과 나날」, 『신들의 계보』, 천병희 옮김, 숲, 2009.)

Ovid, *Metamorphoses*, I: 89–112, tr. Mary M. Innes (Harmondsworth: Penguin, 1955). (오비디우스, 『변신 이야기』, 천병희 옮김, 숲, 2005.)

Lucian, *The Works of Lucian of Samosata, Complete with Exceptions Specified in the Preface*, tr. H. W. Fowler and F. G. Fowler (Oxford: Clarendon Press, 1905).

A. L. Morton, *The English Utopia* (London: Lawrence and Wishart, 1952).

Virgil, tr. H. Rushton Fairclough, 2 vols, revised edn. (London: Heinemann, 1965). (베르길리우스, 『아이네이스』, 김남우 옮김, 열린책들, 2013.)

Plutarch, 'Lycurgus', in *Plutarch's Lives*, tr. Bernadotte Perrin, 11 vols (Cambridge, MA: Harvard University Press, 1914), 1 (플루타르코스, 「뤼쿠르고스 전」, 『플루타르코스 영웅전』, 천병희 옮김, 숲, 2010, 24쪽.)

Plato, *The Republic*, ed. G. R. F. Ferrari, tr. Tom Griffith (Cambridge: Cambridge University Press, 2000). (플라톤, 『국가』, 천병희 옮김, 숲, 2013.)

'The Sweet Potato Mountains', quoted in George Milburn, *The*

Hobo's Hornbook: A Repertory for a Gutter Jongleur (New York: Ives Washington, 1930).

노예 이야기의 출처는 다음과 같다. B. A. Botkin (ed.), *Lay My Burden Down: A Folk History of Slavery* (Chicago: University of Chicago Press, 1945).

Edward Bellamy, *Looking Backward: 2000-1887* (Boston, MA: Ticknor and Company, 1888). 최근 판본 중에는 Alex MacDonald가 편집한 것 (Peterborough, Canada: Broadview Press, 2003)과 Matthew Beaumont 가 편집한 것(London: Penguin, 2007)이 있다. 벨러미는 *Equality* (New York: D. Appleton, 1897)에서 자신의 유토피아를 수정했다. (에드워드 벨러미, 『뒤돌아보며』, 김혜진 옮김, 아고라, 2014.)

Marge Piercy, *Woman on the Edge of Time* (New York: Alfred A. Knopf, 1976). (마지 피어시, 『시간의 경계에 선 여자』, 변용란 옮김, 민음사, 2010.)

William Morris, 'Looking Backward', *The Commonweal*, 5.180 (June 1889): 194-5; reprinted in May Morris, *William Morris: Artist, Writer, Socialist*, vol. 2, *Morris as a Socialist with an Account of William Morris as I Knew Him by Bernard Shaw* (Oxford: Blackwell, 1936), 501-7.

William Morris, *News from Nowhere; or An Epoch of Rest, Being Some Chapters from a Utopian Romance* (Boston, MA: Roberts Bros., 1890). 최근 판본 중에는 James Redmond가 편집한 것(London: Routledge and Kegan Paul, 1970)과 Krishan Kumar가 편집한 것 (Cambridge: Cambridge University Press, 1995)이 있다. (윌리엄 모리스, 『에코토피아 뉴스』, 박홍규 옮김, 필맥, 2004.)

Tom Moylan, *Demand the Impossible: Science Fiction and the Utopian Imagination* (London: Methuen, 1986).

Lucy Sargisson, *Contemporary Feminist Utopianism* (London:

Routledge, 1996).

Lyman Tower Sargent, 'The Problem of the "Flawed Utopia": A Note on the Costs of Utopia', *Dark Horizons: Science Fiction and the Dystopian Imagination*, ed. Raffaella Baccolini and Tom Moylan (London: Routledge, 2003), 225–31.

Joanna Russ, 'What Can a Heroine Do? Or Why Women Can't Write', in *Images of Women in Fiction; Feminist Perspectives*, ed. Susan Koppelman Cornillon (Bowling Green, OH: Bowling Green University Popular Press, 1972), 3–20; reprinted in her *To Write Like a Woman: Essays in Feminism and Science Fiction* (Bloomington: Indiana University Press, 1995), 79–93.

Ernest Callenbach, *Ecotopia: The Notebooks and Reports of William Weston*, (Berkeley, CA: Banyan Tree Books, 1975; reprinted New York: Bantam, 1977). (어니스트 칼렌바크, 『에코토피아』, 김석희 옮김, 정신세계사, 1991.)

제2장

Arthur Eugene Bestor, Jr, *Backwoods Utopias: The Sectarian and Owenite Phases of Communitarian Socialism in America, 1663-1829* (Philadelphia: University of Pennsylvania Press, 1950; 2nd edn. 1970).

Lyman Tower Sargent, 'The Three Faces of Utopianism Revisited', *Utopian Studies*, 5.1 (1994): 1–37.

'The Rule of S. Benedict', *Documents of the Christian Church*, ed. Henry Bettenson, 2nd edn. (London: Oxford University Press, 1963). (베네딕도, 『수도 규칙』, 이형우 옮김, 분도출판사, 2000.)

Henry Near, 'Utopian and Post-Utopian Thought: The Kibbutz as

Model', *Communal Societies*, 5 (1985): 41–58.

Lyman Tower Sargent, 'The Ohu Movement in New Zealand: An Experiment in Government Sponsorship of Communal Living in the 1970s', *Communal Societies*, 19 (1999): 49–65.

Federation of Egalitarian Communities, ⟨http://www.thefec. org/'Principles'⟩ (2017년 6월 30일 기준).

Rosabeth Moss Kanter, *Commitment and Community: Communes and Utopias in Sociological Perspective* (Cambridge, MA: Harvard University Press, 1972).

Henry Demarest Lloyd, quoted in Caro Lloyd, *Henry Demarest Lloyd, 1847-1903: A Biography*, 2 vols (New York: Putnam, 1912), II: 66–7.

Hakim Bey [Peter Lamborn Wilson], *T. A. Z.: The Temporary Autonomous Zone, Ontological Anarchy, Poetic Terrorism*, 2nd edn. 개정 서문 (ix–xii) (Brooklyn, NY: Autonomedia, 2003).

George McKay (ed.), *DiY Culture: Party and Protest in Nineties Britain* (London: Verso, 1998).

Jill Dolan, 'Performance, Utopia, and the "Utopian Performative"', *Theatre Journal*, 53.3 (October 2001): 455–79; revised as '"A Femme, a Butch, a Jew": Feminist Autobiographical Solo Performance', in her *Utopia in Performance: Finding Hope at the Theater* (Ann Arbor: University of Michigan Press, 2005), 35–62, 180–5.

제3장

James Belich, *Replenishing the Earth: The Settler Revolution and the Rise of the Anglo-World, 1783-1939* (Oxford: Oxford University Press, 2009).

Robert L. Wright (ed.), *Irish Emigrant Ballads and Songs* (Bowling Green, OH: Bowling Green University Popular Press, 1975).

'The Non-progressive Great Spirit — "Traditionalism in the Modern World"', *Akwesasne Notes*, 5 (1973).

John Winthrop, *Life and Letters of John Winthrop*, 2 vols (Boston, MA: Ticknor and Fields, 1864-7).

Roger Williams, *Key into the Language of America* (1643), quoted in George H. Williams, *Wilderness and Paradise in Christian Thought: The Biblical Experience of the Desert in the History of Christianity and the Paradise Theme in the Theological Idea of the University* (New York: Harper, 1962), 103.

Nadine Gordimer, 'Living in the Interregnum', *The New York Review of Books*, 29.21 and 22 (20 January, 1983): 21-2, 24-9; 뉴욕인문학연구소(New York Institute for the Humanities)가 주최하는 James Lecture Series의 일환으로 1982년 10월 14일에 열린 고디머의 대중 강연을 바탕으로 작성되었다.

제4장

첫머리 인용문의 출처는 Father Sangermano, *A Description of the Burmese Empire Compiled Chiefly from Native Documents by the Revd. Father Sangermano and Translated from His MS by William Tandy, D.D.* (Rome, printed for the Oriental Translation Fund of Great Britain and Ireland/John Murray, 1833; reprinted Rangoon: The Government Press, 1885), pp. 8-9; 그리고 *Tao Te Ching*(80th chapter) as quoted in Joseph Needham with research assistance of Wang Ling, vol. 2 of *History of Scientific Thought of Science and Civilisation in China* (Cambridge: Cambridge University Press, 1956). (노자, 「제80장」, 『도덕경』, 최진석 옮김, 소나무, 2001.)

제안된 헌법에 관해서는 Koon-ki T. Ho, 'Several Thousand Years in Search of Happiness: The Utopian Tradition in China', *Oriens Extremus* (Germany), 30 (1983-6): 19-35를 보라.

캉유웨이에 관해서는 Kung-Chuan Hsiao, *A Modern China and a New World: K'ang Yu-wei, Reformer and Utopian, 1858-1927* (Seattle: University of Washington Press, 1975)을 참고하라.

Donald Keene, 'The Tale of the Bamboo Cutter', *Monumenta Nipponica*, 11.1 (1956년 1월): 329-55; '서론' (329); 번역과 주석 (330-54).

Rubáiyát of Omar Khayyám, tr. Edward FitzGerald (London: Penguin, 1989). 원간본은 *Rubáiyát of Omar Khayyám, The Astronomer-Poet of Persia. Translated into English Verse* (London: Bernard Quaritch, 1859); 최신판으로는 Peter Avery와 John Heath-Stubbs가 공역한 것 (London: Penguin, 2004)이 있다.

Ibn Tufail, *The Journey of the Soul: The Story of Hai bin Yaqzan, as told by Abu Bakr Muhammad bin Tufail*, tr. Riad Kocache (London: Octagon Press, 1982). 다른 판본으로는 Ibn Tufayl, *Hayy Ibn Yaqzan: A Philosophical Tale*, tr. Simon Ockley (London: Chapman and Hall, 1929), 그리고 Lenn Evan Goodman이 번역한 것(New York: Twayne, 1972)이 있다.

Ayatollah Sayyed Ruhollah Mousavi Khomeini, *Islamic Government*, tr. Joint Publications Research Service (New York: Manor Books, 1979).

이슬람주의 유토피아에 관해서는 Christian Szyska, 'On Utopian Writing in Nasserist Prison and Laicist Turkey', *Welt des Islams*, 35.1 (April 1995): 95-125; 그리고 Sohrab Behdad, 'Islamic Utopia in Pre-Revolutionary Iran: Navvab Safavi and the Fadai'an-e Eslam [Crusaders of Islam]', *Middle Eastern Studies*, 33.1 (January 1997) 40-65를 참고하라.

Simon Gikandi, quoted in *Times Literary Supplement*, no. 5392 (4 August 2006): 21.

제5장

Dracontius, quoted in Eleanor S. Duckett, *Latin Writers of the Fifth Century* (New York: Henry Holt, 1930), 85.

Judith Shklar, "The Political Theory of Utopia: From Melancholy to Nostalgia', *Utopias and Utopian Thought*, ed. Frank E. Manuel (Boston, MA: Beacon Press, 1967/London: Souvenir Press, 1973), 101-15.

'Book of Jubilees', 'The Sibylline Book of Oracles', 'II Baruch', in R. H. Charles, *The Apocrypha and Pseudepigrapha of the Old Testament in English with Introductions and Critical and Explanatory Notes to the Several Books*, 2 vols (Oxford: Clarendon Press, 1913)

Lactantius, *The Divine Institutes*, tr. Rev. William Fletcher, D.D. *The Ante-Nicene Fathers: Translations of the Writings of the Fathers down to A.D. 325, American reprint of the Edinburgh Edition, ed. Rev. Alexander Roberts. D.D., and James Donaldson, LL.D, revised and chronologically arranged, with Brief Prefaces and Occasional Notes by A. Cleveland Coxe, D.D.* Volume VII, *Lactantius, Venantius, Victorinus, Dionysius, Apostolic Teaching and Constitutions. Homily, and Liturgies*, authorized edn. (Edinburgh: T&T Clark/Grand Rapids, MI: Eerdmans, 1990 reprint), 219-20.

Tim LaHaye and Jerry B. Jenkins, *Left Behind: A Novel of Earth's Last Days* (Wheaton, IL: Tyndale House Publishers, 1995). 여기에 15권의 속편과 그래픽노블, CD, 비디오게임, 청소년 도서 및 관련 상품이 더 있다. 소설 전권과 관련 자료에 관해서는 ⟨http://www.leftbehind.com⟩(2017년 6월 30일 기준)을 참고하라. (제리 B. 젠킨스, 팀 라헤이에, 『레프트 비하인

드』, CR 번역연구소 옮김, 홍성사, 2006.)

The Voyage of St Brendan: Representative Versions of the Legend in English Translation, ed. W. R. Barron and Glyn S. Burgess (Exeter: University of Exeter Press, 2002; 2nd edn. 2005). 아일랜드의 항해 이야기에 관해서는 Tom Moylan, 'Irish Voyages and Visions: Pre-Figuring, Re-Configuring Utopia', *Utopian Studies*, 18.3 (2007): 299-323를 참고하라. 사제왕 요한에 관해서는 Vsevolod Slessarev, *Prester John: The Letter and the Legend* (Minneapolis: University of Minnesota Press, 1959)를 참고하라.

'The Apocalypse of Paul', tr. J. K. Elliott, in *Apocryphal New Testament* (Oxford: Clarendon Press, 1993).

Krishan Kumar, *Religion and Utopia* (Canterbury: Centre for the Study of Religion and Society, University of Kent at Canterbury, 1985; Pamphlet Library No. 8).

Thomas Molnar, *Utopia: The Perennial Heresy* (New York: Sheed and Ward, 1967/London: Tom Stacey, 1972).

Reinhold Niebuhr, *The Nature and Destiny of Man*, 2 vols (New York: Charles Scribner, 1941; reprinted Louisville, KY: Westminster John Knox Press, 1996) (라인홀드 니버, 『인간의 본성과 운명』 2, 오희천 옮김, 종문화사, 2013.)

Paul Tillich, 'The Political Meaning of Utopia', tr. Williams J. Crout, Walter Bense, and James L. Adams, in his *Political Expectation* (New York: Harper and Row, 1971), 125-80.

Martin Buber, *Paths in Utopia*, tr. R. F. C. Hull (London: Routledge and Kegan Paul, 1949/New York: Macmillan, 1950).

제6장

Lyman Tower Sargent, 'Utopia and the Late Twentieth Century: A View from North America', in *Utopia: The Search for the Ideal Society in the Western World*, ed. Roland Schaer, Gregory Claeys, and Lyman Tower Sargent (New York: The New York Public Library/Oxford University Press, 2000), 333–45.

칼 포퍼 인용문의 출처는 'Utopia and Violence', *Hibbert Journal*, 46 (January 1948): 109–16; reprinted in *World Affairs*, 149.1 (Summer 1986): 3–9, and in his *Conjectures and Refutations: The Growth of Scientific Knowledge* (London: Routledge Classics, 2002), 477–88. (칼 포퍼, 「유토피아와 폭력」, 『추측과 논박』 2, 이한구 옮김, 민음사, 2001.)

Richard Mollica, quoted in Philip Gourevitch, 'Letter from Rwanda: After the Genocide', *The New Yorker*, 71 (18 December, 1995): 84.

Ralf Dahrendorf, 'Out of Utopia: Toward a Reorientation of Sociological Analysis', *American Journal of Sociology*, 64 (September 1958): 115–27.

Judith Shklar, 'The Political Theory of Utopia: From Melancholy to Nostalgia', *Utopia and Utopian Thought*, ed. Frank E. Manuel (Boston: Beacon Press, 1967/London: Souvenir Press, 1973), 101–15.

Leszek Kołakowski, 'The Death of Utopia Reconsidered', *The Tanner Lectures on Human Value*, vol. 4, ed. Sterling M. McMurrin (Salt Lake City, UT: University of Utah Press/Cambridge: Cambridge University Press, 1983), 227–47; reprinted in his *Modernity on Endless Trial* (Chicago: University of Chicago Press, 1990), 131–45. 강연은 1982년 6월 22일 호주국립대학교에서 있었다.

H. G. Wells, *Men Like Gods* (London: Cassell, 1923).

Jacob Talmon, *Utopianism and Politics* (London: Conservative

Political Centre, 1957).

Thomas Hobbes, *Leviathan*, ed. Richard Tuck (Cambridge: Cambridge University Press, 1991). (토마스 홉스, 『리바이어던』, 진석용 옮김, 나남출판, 2008.)

George Kateb, 'Utopia and the Good Life', in *Utopias and Utopian Thought*, ed. Frank E. Manuel (Boston: Beacon Press, 1967/London: Souvenir Press, 1973), 239–59.

Adam Smith, *The Theory of Moral Sentiments*, ed. D. D. Raphael and A. L. Macfie (Indianapolis: Liberty Fund, 1982). (애덤 스미스, 『도덕감정론』, 김광수 옮김, 한길사, 2016.)

Immanuel Kant, quoted in Isaiah Berlin, *The Crooked Timber of Humanity: Chapters in the History of Ideas*, ed. Henry Hardy (London: John Murray, 1990), epigram p. v.

Arthur Koestler, 'The Yogi and the Commissar', *Horizon*, 5.30 (June 1942): 381–92; reprinted in *The Yogi and the Commissar* (London: Jonathan Cape, 1945).

Barbara Goodwin and Keith Taylor, *The Politics of Utopia: A Study in Theory and Practice* (London: Hutchinson, 1982).

Quentin Skinner, *Liberty Before Liberalism* (Cambridge: Cambridge University Press, 1998). (퀜틴 스키너, 『퀜틴 스키너의 자유주의 이전의 자유』, 조승래 옮김, 푸른역사, 2007.)

Ernst Bloch, *The Principle of Hope*, tr. Neville Plaice, Stephen Plaice, and Paul Knight, 3 vols (Oxford: Blackwell, 1986). (에른스트 블로흐, 『희망의 원리』, 박설호 옮김, 열린책들, 2004.)

M. I. Finley, 'Utopianism Ancient and Modern', in *The Critical Spirit: Essays in Honor of Herbert Marcuse*, ed. Kurt Wolff and Barrington Moore, Jr (Boston, MA: Beacon Press, 1967).

Frederik L. Polak, *The Image of the Future: Enlightening the Past, Orientating the Present, Forecasting the Future*, tr. Elise Boulding, 2 vols (Leyden, The Netherlands: A. W. Sythoff/New York: Oceana, 1961).

Fredric Jameson, 'Comments', *Utopian Studies*, 9.2 (1998): 74–7. 제임슨이 자신의 저술을 집중적으로 다룬 특별호에 기고한 짧은 글이다.

지그문트 바우만 인용문의 출처는 *Socialism: The Active Utopia* (New York: Holmes and Meier, 1976) (지그문트 바우만, 『사회주의, 생동하는 유토피아』, 윤태준 옮김, 오월의봄, 2016.); 'Conclusion: Utopia with No *Topos*', in *Society under Siege* (Cambridge: Polity Press, 2002), 222–41, 251–2; 그리고 *Does Ethics Have a Chance in a World of Consumers?* (Cambridge, MA: Harvard University Press, 2008).

Michael Hardt and Antonio Negri, *Empire* (Cambridge, MA: Harvard University Press, 2000). (안토니오 네그리, 마이클 하트, 『제국』, 윤수종 옮김, 이학사, 2001.)

David Harvey, *Spaces of Hope* (Berkely: University of California Press/Edinburgh: Edinburgh University Press, 2000). (데이비드 하비, 『희망의 공간』, 최병두 옮김, 한울, 2007.)

제7장

Karl Mannheim, *Ideology and Utopia: An Introduction to the Sociology of Knowledge*, tr. Louis Wirth and Edward Shils (New York: Harcourt, Brace, 1936; new edn. London: Routledge, 1991). 이 영역본에는 만하임의 *Ideologie und Utopoia* (Bonn: Cohen, 1929)와 다른 글들이 함께 실려 있다. (칼 만하임, 『이데올로기와 유토피아』, 임석진 옮김, 김영사, 2012.)

Paul Tillich, 'On Ideology and Utopia', tr. Steven P. Bucher and Denise Siemssen, in *Knowledge and Politics: The Sociology of Knowledge*

Dispute, ed. Volker Meja and Nico Stehr (London: Routledge, 1990), 107-12.

폴 리쾨르 인용문의 출처는 *Lectures on Ideology and Utopia*, ed. George H. Taylor (New York: Columbia University Press, 1986); 'Ideology and Ideology Critique', *Phenomenology and Marxism*, ed. Bernhard Waldenfels, Jan M. Broekman, and Ante Pažanin, tr. J. Claude Evans (Boston, MA: Routledge and Kegan Paul, 1984), 134-64; 그리고 'Imagination in Discourse and Action', *The Human Being in Action: The Irreducible Element in Man*. Part II: *Investigations at the Intersection of Philosophy and Psychiatry*, ed. Anna-Teresa Tymieniecka, vol. 7 of *Analecta Husserliana: The Yearbook of Phenomenological Research* (Dordrecht: Reidel, 1978).

결론

첫머리 인용문의 출처는 Archibald MacLeish, 'Preface to an American Manifesto', *Forum*, 91.4 (April 1934): 195-8; 그리고 Leszek Kołakowski, quoted in George Urban, 'A Conversation with Leszek Kołakowski, *The Devil in History*', *Encounter*, 56.1 (January 1981).

Lyman Tower Sargent, 'The Necessity of Utopian Thinking: A Cross-National Perspective', *Thinking Utopia: Steps into Other Worlds*, ed. Jörn Rüsen, Michael Fehr, and Thomas W. Rieger (New York: Berghahn Books, 2005), 1-14.

Albert Camus, *Neither Victims nor Executioners*, tr. Dwight Macdonald (Chicago: World Without War Publications, 1972). (알베르 카뮈, 「피해자도 가해자도 아닌」, 『시사평론』, 김화영 옮김, 책세상, 2009.)

John Rawls, *The Law of Peoples* (Cambridge, MA: Harvard University Press, 1999). (존 롤스, 『만민법』, 장동진·김기호·김만권 옮김, 이끌리오, 2000.)

M. I. Finley, 'Utopianism Ancient and Modern', in *The Critical Spirit: Essays in Honor of Herbert Marcuse*, ed. Kurt Wolff and Barrington Moore, Jr (Boston, MA: Beacon Press, 1967), 3–20.

독서안내

서론

가장 훌륭한 개론서들은 Krishan Kumar, *Utopia and Anti-Utopia in Modern Times* (Oxford: Blackwell, 1987); Frank E. Manuel and Fritzie P. Manuel, *Utopian Thought in the Western World* (Cambridge, MA: Belknap Press of Harvard University, 1979); 그리고 Roland Schaer, Gregory Claeys, and Lyman Tower Sargent (eds.), *Utopia: The Search for the Ideal Society in the Western World* (New York: The New York Public Library/Oxford University Press, 2000)이다.

제1장

고전시대의 유토피아니즘에 관해서는 John Ferguson, *Utopias of the Classical World* (London: Thames and Hudson, 1975)가 최고의 개론서이다.

중세와 관련된 책은 거의 없다. F. Graus, 'Social Utopias in the Middle Ages', tr. Bernard Standring, *Past and Present*, 38 (December 1967): 3-19; 그리고 Norman Cohn, *The Pursuit of the Millennium* (London: Secker and Warburg, 1957)을 참고하라.

16~17세기 관련 서적 중에서는 J. C. Davis, *Utopia and the Ideal Society: A Study of English Utopian Writing 1516-1700* (Cambridge:

Cambridge University Press, 1981); 그리고 Miriam Eliav-Feldon, *Realistic Utopias: The Ideal Imaginary Societies of the Renaissance, 1516-1630* (Oxford: Clarendon Press, 1982)가 가장 좋다.

국가사회주의 유토피아에 관해서는 Jost Hermand, *Old Dreams of a New Reich: Volkish Utopias and National Socialism*, tr. Paul Levesque in collaboration with Stefan Soldovieri (Bloomington: Indiana University Press, 1992)을 참고하라.

제2장

개론서에 가장 가까운 책은 Donald E. Pitzer (ed.), *America's Communal Utopias* (Chapel Hill, NC: University of North Carolina Press, 1997) 이다.

키부츠에 관해서는 Henry Near, *The Kibbutz Movement: A History*, 2 vols (Oxford: Oxford University Press/The Littman Library of Jewish Civilization, 1992-7)를 보라.

오늘날의 생태마을에 관해서는 Jan Martin Bang, *Ecovillages: A Practical Guide to Sustainable Communities* (Edinburgh: Floris Books and Gabriola Island and BC, Canada: New Society Publishers, 2005); Barbro Grindheim and Declan Kennedy (eds.), *Directory of Eco-villages in Europe* (Steyerberg: Global Eco-Village Network (GEN) Europe, 1998), 그리고

Barbara Knudsen (ed.), *Eco-Villages and Communities in Australia and New Zealand* (Maleny, Queensland: Global Eco-Village Network (GEN) Oceania/Asia, 2000)를 보라.

공동주거에 관해서는 Kathryn McCamant and Charles Durrett, *Cohousing: A Contemporary Approach to Housing Ourselves*, 2nd edn. with Ellen Hertzman (Berkeley, CA: Ten Speed Press, 1994)를 보라.

치료 공동체에 관해서는 Association of Therapeutic Communities ─ ⟨http://www.therapeuticcommunities.org⟩를 보라. (2017년 6월 30일 기준)

유토피아 사회주의자에 관해서는 Keith Taylor, *The Political Ideas of the Utopian Socialists* (London: Frank Cass, 1982)를 보라.

제3장

정착민 유토피아니즘에 관해서는 James Belich, 'Settler Utopianism?: English Ideologies of Emigration, 1815-1880', in *Liberty, Authority, Formality: Political Ideas and Culture, 1600-1900, Essays in Honour of Colin Davis,* ed. John Morrow and Jonathan Scott (Exeter: Imprint-Academic, 2008), 213-34; 그리고 Lyman Tower Sargetn, 'Colonial and Post-Colonial Utopias', in *The Cambridge Companion to Utopian Literature,* ed. Gregory Claeys (Cambridge:

Cambridge University Press, 2010)를 보라.

초창기 미국의 유토피아니즘에 관해서는 Lyman Tower Sargent, 'Utopianism in Colonial America', *History of Political Thought*, 4.3 (Winter 1983): 483-522를 보라.

모어가 스페인령 아메리카에 끼친 영향에 관해서는 Silvio Zavala, *Sir Thomas More in New Spain: A Utopian Adventure of the Renaissance* (London: The Hispanic and Luso-Brazilian Councils, 1955)를 보라.

바르톨로메 데 라스카사스에 관해서는 Victor N. Baptiste, *Bartolomé de las Casas and Thomas More's 'Utopia': Connections and Similarities, A Translation and Study* (Culver City, CA: Labyrinthos, 1990)를 보라. 이 책에는 *Memorial de Remedios para las Indias*의 영역본(*Memorial of Remedies for the Indies*)이 실려 있다.

바스코 데 키로가에 관해서는 Fintan V. Warren, *Vasco de Quiroga and His Pueblo-Hospitals of Santa Fe* (Washington, DC: Academy of American Franciscan History, 1963)를 보라.

예수회의 레둑시온에 관해서는 Stelio Cro, 'From More's Utopia to the Jesuit *Reducciones* in Paraguay', *Moreana*, 42.164 (December 2005): 92-117을 보라.

전성기 에히도스에 관해서는 Henrik F. Infield and Koka Freier, *People in Ejidos: A Visit to the Cooperative Farms of Mexico* (New York:

Praeger, 1954)를 보라.

전원도시에 관해서는 Robert Beevers, *The Garden City Utopia: A Critical Biography of Ebenezer Howard* (New York: St Martin's Press, 1988); Stanley Buder, *Visionaries and Planners: The Garden City Movement and the Modern Community* (New York: Oxford University Press, 1990); Robert Freestone, *Model Communities: The Garden City Movement in Australia* (Melbourne: Thomas Nelson Australia, 1989); 그리고 Stephen V. Ward (ed.), *The Garden City: Past, Present and Future* (London: Spon, 1992)를 보라.

제4장

이 장의 주제와 관련된 유일한 개괄적 자료는 Jacqueline Dutton, 'Non-western Utopian Tradition', *The Cambridge Companion to Utopian Literature*, ed. Gregory Claeys (Cambridge: Cambridge University Press, 2010); 그리고 Zhang Longxi, 'The Utopian Vision, East and West', *Utopian Studies*, 13.1 (2002): 1-20 (revised in 'The Utopian Vision, East and West', *Thinking Utopia: Steps into Other Worlds*, ed. Jörn Rüsen, Michael Fehr, and Thomas W. Rieger (New York: Berghahn Books, 2005), 207-29)이다. Longxi 의 글은 주로 중국과 관련된 것이다.

중국의 유토피아니즘에 관해서는 Wolfgang Bauer, *China and the Search for Happiness: Recurring Themes in Four Thousand*

Years of Chinese Cultural History, tr. Michael Shaw (New York: Seabury Press, 1976); Koon-ki T. Ho, 'Several Thousand Years in Search of Happiness: The Utopian Tradition in China', *Oriens Extremus* (Germany), 30 (1983-6): 19-35; 그리고 Ho, 'Utopianism: A Unique Theme in Western Literature? A Short Survey of Chinese Utopianism', *Tamkang Review*, 13.1 (Autumn 1982): 87-108을 보라.

간디의 유토피아에 관해서는 Richard G. Fox, *Gandhian Utopia: Experiments with Culture* (Boston, MA: Beacon Press, 1989)를 보라.

제5장

각론에 해당하는 논문은 많지만, 그리스도교 유토피아니즘 일반을 논하는 개론서는 거의 없다.

천년왕국에 관해서는 Kenelm Burridge, *New Heaven, New Earth: A Study of Millenarian Activities* (Oxford: Blackwell, 1969)를 보라.

천국과 지옥에 관해서는 Colleen McDannell and Bernhard Lang, *Heaven: A History* (New Haven, CT: Yale University Press, 1988); 그리고 Alice K. Turner, *The History of Hell* (New York: Harcourt, Brace, 1993)을 보라.

수도원 운동에 관해서는 George A. Hillery, Jr, and Paula C. Morrow, 'The Monastery as a Commune', *International Review of*

Modern Sociology, 6.1 (Spring 1976): 139–54 (reprinted as only by Hillery in *Communes: Historical and Contemporary*, ed. Ruth Shonle Cavan and Man Singh Das (New Delhi, India: Vikas Publishing House, 1979), 152-69)을 보라.

제6장

이 글을 집필하고 있는 현재로서는 정치이론과 관련한 유토피아니즘의 역할을 다룬 개괄적 자료는 없다.

제7장

이데올로기에 관한 최고의 입문서는 Michael Freeden, *Ideology: A Very Short Introduction* (Oxford: Oxford University Press, 2003)이다.

역자 후기

　잘 알려진 대로 유토피아는 16세기에 영국의 토머스 모어가 만든 말이지만, 유토피아니즘의 역사는 더 나은 세상을 바라는 인간의 욕망만큼이나 오래고 질긴 것이었다. 이 책은 우선 유토피아니즘의 두텁고 복합적인 전통을 문학적 유토피아와 실천적 유토피아의 두 양상으로 나누고, 그것들이 서구 그리스도교 문화권과 그 밖의 문화권에서 각각 어떻게 전개되었는지를 다양한 사례를 들어 살핀다. 이와 더불어, 유토피아니즘을 논하거나 그것을 분석의 틀로 삼은 사회이론들을 통해, 유토피아니즘이 인류의 역사에 드리운 명과 암을 드러낸다.

　유토피아니즘은 대안적 세계상을 제시함으로써 지배 이데올로기의 현실 왜곡을 폭로하고 더 나은 가치들을 향해 사회를 추동하는 힘을 가지고 있다. 오랫동안 유토피아니즘은 사회변혁의 주요한 기저 동인으로 기능해왔다. 하지만 변혁은 종종 막대한 희생을 동반했고, 결과는 언제나 예상을 빗나갔다. 중세 말 유럽 전역을 휩쓴 급진종교개혁과 천년왕국운동, 식민시대의 이주 열풍, 그리고 지난 세기의 현실사회주의 실험 등은 모두 저마다의 가치와 의의를 부여받아 마땅하지만, 적어도 그것들이 애초에 꿈꾸었던 유토피아 건설에 실패했고, 또 경우에 따라서는 많은 이들의 삶을 디스토피아로 몰아넣었음을 부정하기 어렵다. 그렇다면 이제 충분한 환멸을 겪은 인류에게, 유토피아니즘은 폐기 수순에 들어간 어리석은 망상에 불과할까.

위 질문과 관련하여, 이 책에 제시된 이론가들의 견해는 곱씹을 만하다. 우선, 특정 유토피아에 대한 믿음과 더 나은 사회의 가능성 자체에 대한 믿음은 차원을 달리하는 문제이다. 전자와 달리 후자는 인간의 실존을 지탱하는 근원적 힘이다. 또한 유토피아니즘의 폐해로 거론되는 것들은 대개 어떤 유토피아적 비전이 하나의 이데올로기로 변질된 후에 나타난 현상들이다. 더군다나 거듭되는 실패 속에서 인류는 매번 무위로 되돌아간 것이 아니라 변증법적 궤적을 그려왔다. 결국 여기서 도출되는 유토피아니즘은 실패를 예감한다는 점에서 비관적이면서도 실패가 전진의 실질적 경로임을 인식한다는 점에서 현실적인 유토피아니즘이다. 이런 종류의 유토피아니즘이라면 오늘날에도 제 몫의 설 자리를 내어줄 만하지 않을까.

사회가 변화하는 실제적인 과정에는 너무나도 다양한 변수와 우연이 작용하기 때문에, 그 메커니즘을 의미 있게 일반화하기는 어렵다. 그러나 발단은 언제나 현재와는 다른 세상을 꿈꾼 그 최초의 유토피아적 상상력이었을 것이다. 말도 안 되는 것들을 꿈꾸었던 그 처음의 담대한 몽상가들에게 오늘의 우리가 진 빚은 결코 가볍지 않다. 꿈꾸기에 점점 더 많은 용기가 필요한 시대이지만, 그럴수록 더욱 터무니없는 상상력이 필요한지도 모르겠다. 찬란하게 빛나는 다양한 비전들이 차분한 현실 감각과 온건한 열정의 도움으로 언제나처럼 비틀거리는 우리의 갈지자걸음을 내일로 인도해주기를 기대해본다.

도판 목록

유토피아니즘
UTOPIANISM

초판 1쇄 인쇄 2018년 3월 2일
초판 1쇄 발행 2018년 3월 12일

지은이 라이먼 타워 사전트
옮긴이 이지원
펴낸이 염현숙
편집인 신정민

편집 최연희
디자인 강혜림
저작권 한문숙 김지영
마케팅 정민호 이숙재 정현민 김도윤
　　　　오혜림 안남영
홍보 김희숙 김상만 이천희
제작 강신은 김동욱 임현식

제작처 한영문화사(인쇄) 한영제책사(제본)
펴낸곳 (주)문학동네
출판등록 1993년 10월 22일
　　　　제406-2003-000045호
임프린트 교유서가
주소 10881 경기도 파주시 회동길 210
문의전화 031)955-3578(마케팅)
　　　　031)955-2692(편집)
팩스 031)955-8855
전자우편 gyoyuseoga@naver.com
ISBN 978-89-546-5045-8 03300

www.munhak.com